Jeroen van Rooijen

Stilregeln

Lifestyle, Fauxpas und Bad Taste

Illustrationen von
Andreas Gefe

Ein Buch der «NZZ am Sonntag» bei NZZ Libro

Vorwort

Noch in den fünfziger Jahren handelten unsere Eltern und Grosseltern grundsätzlich nach den Regeln des Freiherrn von Knigge. Am Sonntag trug man Sonntagskleider, in der Strassenbahn bot der Herr einer Dame seinen Sitz an, Verliebte küssten sich nicht in der Öffentlichkeit, und Messer ruhten auf Messerbänkchen. Mit der Sicherheit in solchen Fragen des Lebensstils ging es aber bald einmal zu Ende. Verantwortlich dafür war die 68er Generation, die sich die Befreiung von allen Zwängen zum Ziel setzte. Heute erkennt man allerdings zunehmend die Schattenseiten dieser «Befreiung», und die Einsicht gewinnt an Boden, dass Regeln das Zusammenleben der Menschen auch erleichtern und angenehmer gestalten können. Von den Pädagogen wird wieder erwartet, dass sie den Schülern

Normen beibringen, und Eltern schicken ihre Kinder neustens in Benimmkurse. Die «NZZ am Sonntag», die seit 2002 erscheint, hat von Anfang an solchen Fragen ein besonderes Augenmerk geschenkt. Ein Ausdruck davon ist ein ganzer Zeitungsbund, der kurz und bündig «Stil» heisst und allen Facetten dieser Thematik gewidmet ist. Während zweier Jahre fand sich dort die Kolumne «Stilregeln», verfasst von Jeroen van Rooijen, Redaktor der «NZZ am Sonntag» und in der Schweiz längst eine Autorität in Fragen der korrekten Lebensführung. Prosecco aus Pappbechern? Weisse Herrensocken? Hot Pants im Büro? Auf diese und ähnliche Fragen gab Stilpapst van Rooijen jeweils eine dezidierte Antwort und den Leserinnen und Lesern der «NZZ am Sonntag» eine Richtschnur für die persönliche Alltagsbewältigung. Seine Kolumnen waren bald einmal Kult, sie wurden intensiv debattiert und lösten heftige Kontroversen aus. Und sie schärften das Bewusstsein dafür, dass der Lebensstil nicht einfach eine Privatangelegenheit sein kann, sondern eine gesellschaftliche Komponente aufweist, die dem Zusammenleben der Menschen Ordnung und Halt geben kann – was schon Freiherr von Knigge gewusst hat. Nur sind die «Stilregeln» von Jeroen van Rooijen auch noch ein Lesevergnügen und nicht bloss ein Nachschlagewerk fürs zeitgenössische «Comme il faut».

Felix E. Müller, Chefredaktor «NZZ am Sonntag»

Anmerkung des Autors:
Die vorliegenden fünfzig Kolumnen aus der zweijährigen Reihe «Stilregeln» sind eine subjektive Auswahl aus über hundert Folgen und wurden für diese Publikation in neuer Reihenfolge zusammengestellt. Danke all jenen guten Geistern, die mit ihren Ideen während der Jahre 2005 und 2006 mitgeholfen haben, den Sinn für verfeinerte Lebensart weiterzuentwickeln und die den Humor hatten, die Fragen des Stils und die Optionen des Konsumierens mit heiterem Geist zu hinterfragen. *(jvr.)*

Mode und Outfit
Markenmode *1*
Der Jugend nachrennen *2*
Sneakers und Turnschuhe *3*
Bluse und Hemd öffnen *4*
Das Portemonnaie *5*
Sonnenbrillen *6*
Sommerliche Eleganz *7*
Die Freizeitgarderobe *8*
Die Kehrseite des Menschen *9*
Schuhe putzen *10*

Für die Dame
Unterwäsche und Lingerie *11*
Falsche Fingernägel *12*
Strümpfe & Strumpfhosen *13*
Lippenstift nachziehen *14*

Für den Herrn
Le Chic fédéral *15*
Die Republik der Söckli-Träger ... *16*

Das Herrenoberhemd 17
Hemden bügeln 18
Die Krawatte 19
Anzug reinigen 20
Das Stofftaschentuch 21
Die Taschen des Mannes 22

Körperkultur
Gefärbte Haarpracht 23
Das Deodorant 24
Wie weiss sollen Zähne sein? 25
Die Fitness-Garderobe 26
Der Saunabesuch 27

In Gesellschaft
Duzen oder siezen? 28
Häsch mer dis Chärtli? 29
Aufs Handy anrufen 30
Unpünktlichkeit 31
Das Tanzbein schwingen 32
Wer zahlt die Rechnung? 33

Handy-Klingeltöne 34

Zu Gast
Was mitbringen? 35
Schuhe ausziehen 36
Was legt man auf? 37
Nach der Miete fragen 38
Wann ist das Fest zu Ende? 39

Am Tisch
Kochkünste 40
Mit Gläsern anstossen 41
Speisen nachwürzen 42
Selbstgemachtes
Mineralwasser 43

Zu Hause
Die Möblierung des Gartens 44
Raumdüfte und Duftkerzen 45
Hausschuhe und Pantoffeln 46
Die Bettwäsche 47

Unterwegs
Essen im öffentlichen Verkehr ... 48
Dekoration im Auto 49
In der Stadt
besser vorankommen 50

Inhaltsverzeichnis

Markenmode

Angesichts der Scharlatanerie, welche viele grosse Marken heute mit ihren Kunden betreiben, fiele es uns sehr leicht, pauschal zum Boykott von Designermode aufzurufen. Zumal das Konzept einer gestalteten Individual-Phantasie, die tausendfach anderen Leuten übergesetzt wird, inzwischen etwas reizlos geworden ist. Oft genug sind wir ausserdem als Gratiswerbefläche für Logos missbraucht worden. Man täte also ganz gut daran, sich den Verlockungen des Marktes zu widersetzen und seine Individualität mit anderen Mitteln als mit Markenmode zu akzentuieren. Warum zögern wir also noch? Ganz einfach: weil es nicht so simpel ist, ganz pauschal von einer einzigen Art von Designermode zu sprechen, deren Notwendigkeit sich so drastisch relativiert hat. Anders

1

gesagt: Es gibt sehr viel Humbug, aber nicht jedes Markenprodukt ist deswegen ein Käse.

Es gibt zwischen all dem Marketing-Schrott, der einem bei einem Spaziergang auf Mailands Via della Spiga oder der Zürcher Bahnhofstrasse begegnet, nach wie vor Produkte, die einen handwerklichen und materiellen Wert darstellen. Man findet sie oft bei Marken, die nicht wahnsinnig schrill auftreten, aber unaufgeregt modische Tradition pflegen. Wir wollen hier gar keine Namen nennen, auch wenn es verlockend wäre – vielmehr ginge es deshalb darum, wie mit Markenmode umzugehen ist.

Als Erstes ist es bei Kleidungsstücken wichtig, dass sie einem nicht auf den ersten Blick verraten, welcher Provenienz sie sind. Wir rücken damit vom abgedroschenen Konzept des «must-have» ab. Elegante Leute brauchen auch keine Handtaschen, die man aus der «Gala» kennt. Es gibt nur einige wenige Ausnahmen von dieser Regel, und die hören in der Regel auf die Nachnamen von berühmten Frauen.

Zweitens ist es von essenzieller Bedeutung, sich den Marken nicht auszuliefern, sondern die Stücke einzeln mit anderen Labels oder auch mit Elementen der einfachen Garderobe zu mischen. Man muss die Präsenz der Marke also ein wenig «brechen». Und drittens soll man damit nie angeben. Wenn jemand fragt: «Chanel?», dann antwortet man sogar im Fall, dass dies zutrifft, besser mit «Nein, Zara».

Mode und Outfit

Der Jugend nachrennen

Zahlreiche Menschen tun sich mit dem Verlust der Jugendlichkeit schwer. Solange man unter dreissig ist, kann man mit einigem Geschick auch tatsächlich noch den Anschein erwecken, zu den sogenannten Twens zu gehören. Etwas schwieriger wird es, zwischen 30 und 40 noch so zu tun, als ob man erst gerade der Hochschule entlaufen und ins Berufsleben eingestiegen sei. Gänzlich traurig ist es aber, wenn Damen und Herren ab vierzig sich noch mit äusserlichen und sprachlichen Stilmerkmalen der Jugend schmücken.

Klingt logisch und selbstverständlich? Offenbar nicht für jedermann, wollen wir anfügen. Wer sich im Fach der sogenannten «trendy» Jobs umsieht, der wird feststellen, dass gerade den «Kreativen» das Verständnis dafür abhanden gekommen ist,

2

wann einem jugendlicher «Groove» nicht mehr steht. Ein gutes Beispiel für Feldforschung sind Street- und Sportswear-Messen, aber auch Discos und Nachtklubs, Badeanstalten oder Bike- und Snowboard-Veranstaltungen.

Dort laufen sie in Scharen herum, die Berufsjugendlichen, die eine Baggy-Jeans zum bedruckten T-Shirt mit Sneakers zum weissen Veston kombinieren und einen auf Beckham machen, obwohl sie dessen Vater sein könnten. Sie haben blondierte Strähnen im Haar, eine orangefarbene Instant-Bräune um kaum mehr kaschierbare Augenfalten. Es sind Herren im besten Alter, die sich einfach partout nicht so kleiden wollen.

Um ihre Rebellion zu unterstreichen, gehen sie leicht schlurfend, begrüssen sich mit kumpelhaftem Handschlag auf Brusthöhe und reden mit englischen Szenebegriffen. Ihre Frauen tragen notorisch zu enge Kleidung, «hippe» Jeans und bunte Shirts mit «frechen» Sprüchen drauf, ein Jäckchen in Cord und sehr spitze Schuhe. Das Handtäschchen soll ihnen Eleganz geben, die blondierten Haare werden zum Britney-Doppelschwanz gebunden.

Sollten Sie in Ihrem Umfeld solche Figuren haben, so schenken Sie ihnen bei nächster Gelegenheit doch einfach eine selbst gebrannte CD mit «peppiger» Musik von 50 Cent, Christina Aguilera oder Plüsch und schreiben Sie eine Widmung mit Silberstift drauf. Das müsste eigentlich auch die verblendetsten Augen öffnen.

Mode und Outfit

Sneakers und Turnschuhe

Die letzten Jahre haben den Menschen eine nicht mehr zu überschauende Flut von Neuerungen im Bereich der Fussbekleidung beschert. Gerade das Segment der Turnschuhe hat sich besonders euphorisch verbreitet. Heute gibt es Retro-, Hip-Hop-, Skater-, Hänger-, House-, Punk- und andere Splittergruppen-Sneakers sowie Crossover-Modelle zwischen Halb- und technischem Turnschuh, einige davon gar mit selbstatmender Dampfbügelsohle.

Weil der Markt so unübersehbar geworden ist, wollen wir heute die Machete zücken und eine kleine Schneise ins Dickicht der Sneakers hauen. Mit der Frage «Welche Sportschuhe gehen noch durch?» vor Augen säbeln wir also zuerst einmal alle Klonmarken nieder, die sich in den letzten Jahren aus dem Nichts hervorgetan haben und im Grunde keine Historie haben. Ratsch, ratsch, weg mit dem Unkraut des Schuhgeschäfts.

Dann geraten die Pseudo-Turnschuhe von besser etablierten und legitimierten Marken vors metzelnde Buschmesser – alle diese hässlichen Super-Funktions-Schuhe mit monströsen Sohlen und endlos schnickschnackigen Materialexperimenten. Nun noch die Luxus-Sneakers von Marken, die ausser einem lächerlich hohen Preis für Sportschuhe nicht viel Aufregendes bieten: fort mit dem dekadenten Auswuchs!

Auf dem durch diese Eingriffe schön dezimierten Schlachtfeld sehen wir die Dinge langsam klarer. Und es bleiben einige wahre Perlen des Turnschuhwesens. Es sind bewährte Gewächse wie der knuffige Superstar, der coole Stan Smith, die elegante Gazelle oder der schlaue Campus von Adidas, der hinterhältige Clyde oder der Roma von Puma sowie die zeitlos coolen Low-Tech-Schnürer All Star von Converse. Ein fünfstreifiger Künzli bleibt genauso im Rennen wie schlichte Modelle von K-Swiss, New Balance oder Nike. Diese Turnschuhe kombiniert man nun am besten eben nicht zu Baggy- oder Cargohosen und Jeans, sondern zu einer XL-Nadelstreifen-Hose, die einem fast von den Hüften fällt – sieht für Damen und Herren toll aus. Dazu ein Hemd und ein Veston, vielleicht sogar eine Krawatte – aber keinen Anzug, das hatten wir vor sechs Jahren schon. Fertig ist der gepflegte Stilbruch neuerer Prägung.

Mode und Outfit

Bluse und Hemd öffnen

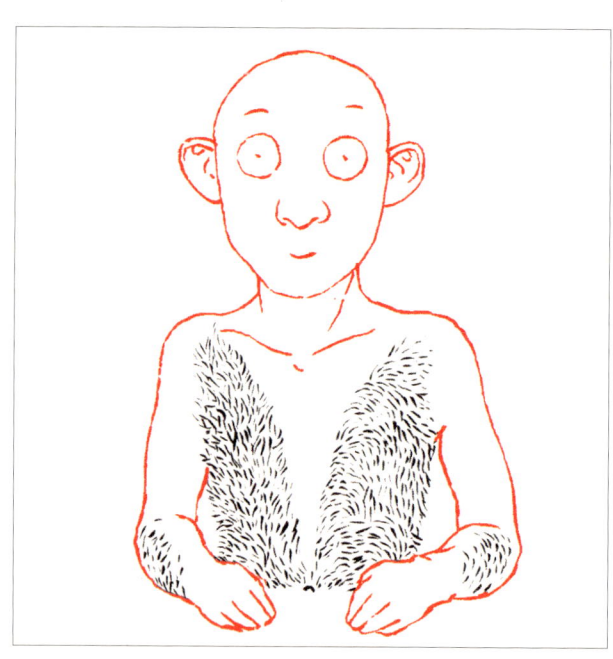

Was ist schlimmer: eine Frau, die ihre Bluse zu weit aufknöpft, oder ein Mann, der sein Hemd bis zum Bauchnabel offen hat? Die Antworten dürften fifty-fifty sein, und tatsächlich ist beides gleich stillos. Eine exakte Grenze zwischen legerem modischem Ausdruck und Zurschaustellung nackter Tatsachen ist schwer zu ziehen: Jeder Typ und jede Lebenssituation gebietet wieder neue Feinheiten. Was aber nicht heisst, dass jeder einfach so machen kann, was ihm gerade passt.

Die Anzahl der am Hemd des Mannes standesgemäss zu öffnenden Knöpfe richtet sich a) nach dem Alter, b) nach dem sozialen Status und c) nach den individuellen Zielen, die noch zu erreichen sind. Sind alle diese drei Faktoren hoch, dann ist man noch immer am besten beraten, das Hemd

4

zuzuknöpfen und diese Förmlichkeit mit einem schönen Schlips zu dekorieren.

Einen einzelnen Knopf zu öffnen, ist natürlich nie falsch, ausser man besucht den Papst oder versucht, der Bank eine neue Kreditlimite abzuringen. Wer zwei Knöpfe öffnet, der sollte auch den Veston ablegen, weil der Hemdkragen sonst unwürdig unter dem Revers abtaucht. Zwei offene Knöpfe sind aber auch schon die Limite für Otto Normalverbraucher, denn drei Knöpfe am Hemd offen zu haben, heisst, sich stilistisch in die Nähe von Flavio Briatore zu bewegen. Man kann das wollen, aber elegant ist es nicht. Vier offene Knöpfe sind nur etwas für muskelbepackte Rap-Stars oder Corvette-Fahrer mit langem Nackenhaar. – Die Damenbluse tickt etwas anders: Ganz zuknöpfen geht nicht, man sieht dann wie Margaret Thatcher aus, und dieses Mode-Idol wollen wir uns trotz neokonservativer Euphorie noch verkneifen. Ein offener Knopf ist bürofein, zwei Knöpfe sind absolut okay, bei drei wird's langsam pikant. Wer ein Top unter der Bluse trägt, darf auch dies.

Bei den T-Shirts unterscheidet man grob zwischen «V» wie «vornehm» und «O» wie «offenherzig». Das kleine «V» ist jederzeit in Ordnung, das grosse «V» geht nur, wenn die Sonne im Ausschnitt nicht schon zu viel irreparablen Schaden angerichtet hat. Das kleine «O» ist brav, das grosse «O» dagegen abends noch immer das schönste Mittel, die Blicke zielsicher auf sich zu ziehen.

Mode und Outfit

Das Portemonnaie

Die Menschen sind, auch Abertausende Jahre nach ihrer mutmasslichen Entstehung (oder Schöpfung?), noch immer Jäger und Sammler. Anders ist es nicht zu erklären, wie manche Menschen täglich ganze Stapel von Quittungen, Kundenkarten, Notizzetteln, Stempellisten oder Passfotos durchs Leben schleppen. Sie horten sie in voluminösen Leder-Artefakten, die sie «Geldbörsen» nennen, die aber meistens alles andere ausser Bargeld enthalten.

Die Damen haben es gut: Sie können diese wuchtigen Portefeuilles, die manchmal unfreiwillig an das Servicepersonal von Landbeizen erinnern, diskret in ihrer Handtasche verstauen. Die Männer können das meistens nicht, weil sie im Normalfall keine Handtaschen mit sich führen. Also stopfen sie diese zentimeterdicken Lederbrummer ein-

fach in ihre Jacken- und Hosentaschen. – Das ist hochgradig verdriesslich. Denn die Jackentaschen des Vestons leiden unter solch unbotmässigem Gewicht. Sehr rasch geben sie dem Zug nach und verformen sich, hängen wie die Augenlider eines Hundertjährigen, der sein Leben lang nur geweint hat. Im schlimmsten Fall reissen die Taschen auch. Kurzum: In die Jacke gehören solche Brieftaschen nicht – aber auch nicht in die Hose!
Wer sein Portemonnaie in die Hose steckt, der wählt dafür meistens die Gesässtasche. Durch das voluminöse Zusatzobjekt sieht man dann aus wie ein Krummwüchsiger mit asymmetrischem Steiss, auch das sehr bedauerlich. Zudem verformt sich nicht nur die Silhouette, sondern mit der Zeit auch der Geldbeutel, auf den man sich ja immerfort setzt.

Es gehört zu den entsetzlichsten Anblicken unserer zivilisierten Welt, wenn Männer diese platt gedrückten und geschändeten Leder-Accessoires hervorkramen, die in ihrer Gestalt eher an halbe Kokosnussschalen erinnern.
Es gibt also nur einen Weg: sich trennen von allen Zettelchen und nutzlosen Karten – radikal entschlacken, das Portemonnaie! Darin enthalten bleiben nur vier bis acht der wichtigsten Karten, ausserdem ein wenig Papiergeld. Grössere Konvolute von Geldscheinen gehören, mit einer Geldklammer zusammengeheftet, in die Innentasche des Vestons. Münz kommt in die Hosentasche, am besten lose. Wem das zu sehr klimpert, dem bleibt nur eines: Das Wechselgeld wird immer gleich dort zurückgelassen, wo man es bekommen hat.

Mode und Outfit

Sonnenbrillen

Auch wo die lange vermisste Sonne noch gelegentlich vom frühherbstlichen Himmel lacht, ist man gut beraten, sein Augenlicht mit einer Sonnenbrille zu schützen. Sie sorgt für weniger Stress auf der Netzhaut und mindert die Bildung von Gesichtsfalten, die durchs Zusammenkneifen der Augen entstehen. Bezüglich des Typs von Sonnenbrillen, die derzeit zu bevorzugen sind, haben wir den aufmerksamen Leser unseres Qualitäts-Druckerzeugnisses schon mehrfach unterrichtet: Sie muss (über)gross und sehr dunkel sein und ein wenig an die sechziger oder siebziger Jahre erinnern. Inzwischen gibt es im Handel ja kaum noch andere Modelle, die Auswahl ist riesengross, aber Tom Ford, Prada, Chanel und Yves Saint Laurent machen immer noch die besten.

Hat man also eine solch elegante Sonnenbrille erworben, so muss man den Umgang mit dem Ding üben. Es gehört nicht ins Haar gesteckt, sondern auf die Nase. Wer die Sonnenbrille dauerhaft als Haarreif missbraucht, lebt im Jahr 1999, als man das noch cool fand. Wann immer der Tag nicht gerade total verregnet ist, möge man mit dieser Sonnenbrille auf der Nase durch die Strassen stolzieren und sich wie ein Filmstar hinter den dunklen Gläsern verstecken. Es darf ruhig etwas albern aussehen.

Unhöflich ist es aber, diese Sonnenbrille nicht abzunehmen, wenn man einem Bekannten begegnet oder mit Personal spricht, das Auskünfte benötigt. Hier wirkt es affektiert und unnötig distanziert, die Brille anzubehalten. Man sollte sie wenigstens für den Moment der Begrüssung abnehmen, sofern man nicht die Folgen einer durchzechten Nacht oder eines Heulkrampfes zu verbergen hat.

Eine Konversation entspinnt sich ohne visuelle Barriere viel leichter und freundlicher. Das macht sich auf Reisen auch am Zoll bezahlt: Die Beamten in ihrem Glashäuschen können Menschen bekanntlich nicht leiden, die ihre Sonnenbrille nicht abnehmen. In Deutschland ist es gar unter Androhung von Busse verboten, eine Sonnenbrille bei Dämmerung oder nachts zu tragen, wenn man ein Auto lenkt. Bei uns ist man kulanter: Solange man das Fahrzeug verantwortungsvoll lenken kann, sieht die Polizei keine Strafe vor. Aber das hat ja nichts mehr mit Stilregeln, sondern mit der Strassenverkehrsordnung zu tun.

Mode und Outfit

Sommerliche Eleganz

Kaum beginnt jeweils der Sommer, muss man sich als ästhetisch veranlagter Zeitgenosse fragen, ob es nicht doch besser wäre, wenn zwölf Monate am Stück Winter herrschte. Es ist nicht der Sommer an sich, der Missfallen auslöst, sondern vielmehr die Art und Weise, wie manche Mitbürger auf Temperaturen über 22 Grad reagieren.

Die meisten Menschen vergessen, dass es sich auch im Sommer geziemt, seine Mitmenschen mit geschickt arrangierter Garderobe zu erfreuen. Jene Zeitgenossen aber, die mit nacktem Oberkörper durch die Fussgängerzone spazieren und mit barem Bauch ein Bierchen geniessen, haben dies so wenig verstanden wie jene Damen, die zwei Nummern zu kleine, bunte Jerseykleidchen tragen. Die Stadt erfordert besondere Massnahmen – das

war schon immer so. Was man am Strand von Rimini trägt, taugt nicht fürs Window-Shopping.
Männer machen in kurzen Hosen und bedruckten T-Shirts fast nie eine gute Figur. Selbst George Clooney sieht man so höchstens Steine ins Wasser des Comersees werfen. Shorts sind daher nur auf dem Boot, am Strand oder im Garten tolerierbar, in der Stadt sind sie «bad taste». Der Gentleman trägt auch bei Hitze stets ein langärmliges Hemd. Kühles Leinen ist besser als abgetrennte Ärmel. In der Stadt bleibt auch stets ein Veston ratsam – er kleidet Männer seit Jahrzehnten vorteilhaft. Diesen Sommer wieder hoch im Kurs: der dunkelblaue Blazer mit Messingknöpfen, auch zum Poloshirt. Offene Schuhe sind durchaus okay, immer aus bestem Leder, nie jedoch aus Plastic.

Auch Frauen wirken im Sommer souveräner, wenn sie nicht einfach möglichst viel Haut zeigen, sondern diese spielerisch mit luftigen Stoffen bedecken. Synthetik gehört nicht ins Programm – Bikinis ausgenommen, aber die haben wiederum gar nichts in der Stadt zu suchen. Blusen sind derzeit wieder populärer als T-Shirts. Der Rock soll etwa knielang sein und eine locker schwingende A-Linie haben.
Und ein Ding ist gerade in der warmen Jahreszeit wichtig: Hautenge Kleidung sieht immer so aus, als hätte man seit letztem Sommer zünftig zugenommen. Etwas weitere Sachen sind deshalb nicht nur in dieser Saison wertvoll.

Mode und Outfit

Die Freizeitgarderobe

Es herrscht leider, nicht zuletzt verursacht durch den «Casual Friday», im Lande grobe Unkenntnis darüber, was eine angemessene Freizeitgarderobe ist. Die von den Amerikanern gut gemeinte, sachte Deregulierung der Kleidersitten ist nämlich in ein heilloses Durcheinander ausgeartet. Keiner weiss mehr wirklich, wo die Grenze zwischen Arbeits- und Freizeitbekleidung verläuft.

Also wollen wir kraftvoll die Stimme erheben und etwas ordnungsstiftende Grundregeln in dieser Sache feilbieten. Wir beginnen, weil diese Zielgruppe grundsätzlich die dramatischeren Defizite in Sachen Lebensart aufweist, mit den Männern, und zwar von Kopf bis Fuss. Baseballkappen sind immer casual, sie gehören weder zum Hemd noch zum Veston, geschweige denn zur Krawatte. Ein T-Shirt ist nur dann angemessene Casual Wear, wenn es auch einen Kragen hat – ohne diesen gehört es zur Sportbekleidung. Auch Sweatshirts und Leibchen mit Kapuzen gehören in die Turnstunde, niemals aber in ein sich selbst respektierendes berufliches Umfeld, auch am Freitag nicht. Jeans sind nur dann «casual chic», wenn sie zu guten Lederschuhen getragen werden, sonst sind sie plumpe Basis-Bekleidung für den Spaziergang mit dem Hund. Mit Turnschuhen sind Jeans sogar schlimmster US-Bad-Taste oder allenfalls Jugendmode. Angemessen sind dagegen Cord- und Khakihosen, in seltenen Fällen auch Cargopants. Schnürschuhe sind fürs Büro, Loafers casual, Slippers fürs Boot oder den Swingerklub. Noch Fragen? Ach ja, ein echter Gentleman behält selbstredend auch dann einen Veston an, wenn er es nicht unbedingt muss.

Nun zu den Damen! Ärmellose Shirts gehen niemals ins Büro, genauso wie bauchfreie Leibchen. Strickjacken, die an selbstgehäkelte Bettüberwürfe erinnern, sind für eine stadtfeine Note durch feinere Modelle aus Cashmere oder feine Lambswool zu ersetzen. Eine Bluse ist immer perfekt und kann auch sehr lässig getragen werden. Stretchhosen sind grundsätzlich die falsche Wahl, besser sind schmale Jeans oder auch die gerade Marlene-Hose. Ein schwingender Rock ist hochgradig freizeitig, im Büro greift man indes besser zum schmalen, etwa knielangen Bleistiftrock. Miniröcke sind nur für absolute Könnerinnen! Und last, but not least: Mäntel statt Jacken, sie sehen so viel dramatischer aus!

Mode und Outfit

Die Kehrseite des Menschen

Es gibt viele Menschen, welche die Dinge offenbar nur immer aus einer Perspektive betrachten: von vorne und mit den eigenen Augen. Offenbar auch sich selbst. Graydon Carter, Chefredaktor des amerikanischen Zeitgeist-Leittitels «Vanity Fair», geisselte diesen Umstand einst mit folgenden gut gewählten Worten: «Wenn die Leute mehr zweiflüglige Spiegel zu Hause hätten, dann würden sie weniger Stretch tragen.» Das ist kurz und knapp, trifft aber die Sache präzis: Von hinten sind viele Menschen, die von vorne einigermassen erfreulich wirken, kaum noch anzuschauen.

Dabei ist doch gerade das Gesäss, wie man aus einschlägiger Halbwissenschaft weiss, so etwas wie das zweite Antlitz des Menschen. Frauen wie Männer beurteilen einander ja nicht zuletzt auch anhand der rückwärtigen Ansicht. Das bedeutet also: Ein Rock oder eine Hose muss perfekt sitzen und den bestmöglichen Hintern machen. Hierfür kann nicht genügend Aufwand betrieben und Sorgfalt verwendet werden. Denn was von vorne vielleicht knapp annehmbar aussieht, wenn es etwas straff sitzt, wird von hinten zur ästhetischen Provokation. Zu enge Kleider sind nie vorteilhaft, am wenigsten am Po.

Die Aufmerksamkeit, die dem Hintern zuteil wird, sollte im Übrigen der ganzen rückwärtigen Ansicht gelten. Etwas den Pony toupieren, aber hinten die Chose traurig hängen lassen, das ist nicht gut. Vorne den Bart zu schneiden, aber auf dem Rücken die Haare stehen zu lassen, verrät unzureichende Selbstachtung. – Ein rückenfreies Top mit einem normalem BH zu tragen, ist achtlos, dafür gibt es schliesslich Neckholder-BHs oder Modelle, deren Träger man umstecken kann. Glanzstellen auf der Sitzfläche von Hosen verraten, dass man den optimalen Moment, ein neues Beinkleid zu erwerben, verpasst hat. Und ganz schlimm, bei Damen wie Herren: schief abgelatschte Absatzkanten an den Schuhen. Dieser Fauxpas wird nur noch übertroffen von Menschen, die ihre silbern schimmernden Hornhautränder an den Fersen in offenen Schuhen vorführen.

Von vorne sieht man das nicht, stimmt schon, aber spätestens bei der Verabschiedung offenbart sich das Manko schonungslos. Dann stürzt ein kleines bisschen von der Welt, die man mühsam um sich aufgebaut hat, zusammen.

Mode und Outfit

Schuhe putzen

Es gibt in Düsseldorf einen Gentleman und Dandy alter Schule, der uns unlängst stolz darüber berichtete, wie er jeden Sonntag um acht Uhr aufstehe, seinen gesamten Schuhbestand auf dem Tisch aufreiht und sich dann eine Stunde lang mit Crème, Lappen und Bürste der Pflege seiner Fussbekleidung widmet. Ignatious Joseph, so der Name dieses feinen Herrn, der sonst Hemden produziert, findet es eine wahre Freude, seinem Schuhwerk so in den Sonntag gleitend lebensverlängernde Massnahmen angedeihen zu lassen, wie er glaubhaft versichert. Recht hat der Mann. Denn Schuhe putzen gehört zu den oft vernachlässigten, aber essenziellen Pflichten eines modernen Genussmenschen. Man kann absolut perfekt angezogen sein – wenn die Schuhe stumpf, abgetreten oder gar schmutzig sind, hat man das Match trotz grossartigem Outfit verloren. Dabei geht es nicht nur um das Schaftleder des Schuhs, das streifenfrei und blitzblank poliert sein soll, sondern auch um die Sohle und die Sohlenränder. Schief abgelatschte Absatzkanten sind bei Männern wie Frauen ein Zeugnis mangelnder Sorgfalt. Auch heller werdende und ausfransende Sohlenränder gehören, gerade bei Männerschuhen, regelmässig nachgefärbt. Man kann versuchen, das selber zu machen – allerdings braucht man dafür etwas anderes als eine kommune Schuhcrème. Also lässt man besser gleich den Profi ran, der dem Schuh bei dieser Gelegenheit auch eine professionelle Politur geben kann.

Für Unverdrossene, die es dem Düsseldorfer Aficionado gleichtun und sich selber die Finger schmutzig machen wollen, hier ein sehr grober Crashkurs. 1. Mit einer Bürste die Schuhe von sichtbarem Schmutz reinigen und mit einem nur leicht feuchten Lappen nachreiben. Mit einer Zahnbürste bekommt man Dreck aus den Sohlenrändern. 2. Trocknen lassen, dann grosszügig Politur in der Farbe des Schuhs mit einem weichen Baumwolltuch auftragen. 3. Schuhränder mit Sohlenfarbe nachziehen. 4. Trocknen lassen, mit einem weichen Lappen die Crème ganz ins Leder einreiben. 5. Die Schuhe mit einer Naturhaarbürste und kräftigen Handbewegungen auf Hochglanz bringen. 6. Gegebenenfalls Schnürsenkel ersetzen, Schuhspanner einsetzen und das Werk einige Minuten ruhen lassen, bevor man es der Welt vorführt.

Mode und Outfit

Unterwäsche und Lingerie

Einst war in einer Schweizer Zeitschrift die altväterische Benimmregel nachzulesen, nach der «keine Frau ‹einfach so› schwarze Unterwäsche trägt». Der Leitsatz suggerierte, dass eine Dame, welche sich das Vergnügen von nicht-weisser Unterwäsche leistet, von mehr oder minder zügellosen Lüsten der fleischlichen Art getrieben oder gar einem Fach zuzurechnen sei, welches zu präzisieren sich hier verbietet.

Es mag sein, dass dieser Merksatz in düsterer Vorzeit unserer ästhetischen Zeitrechnung, also vor mehr als fünfzig Jahren, als die Unterwäsche ausschliesslich an den Theken von Weisswaren-Spezialisten gehandelt wurde, eine gewisse Brisanz hatte. Heute, wo einem von jeder zweiten Plakatwand herab eine Dame in ultraknappem Sloggi,

Triumph oder La Perla tief in die Augen schaut, ist sowieso überall Sünde.

Man darf in diesem Umfeld also ganz locker feststellen, dass eine Frau, die schwarze Unterwäsche trägt, dies heute einfach so tut, durchaus nur ganz für sich, ohne Hintergedanken. Es ist nichts dabei. Schwarz ist unkompliziert, vielseitig, macht verhältnismässig schlank und ist immer erhältlich. Die Frage ist heute also mehr, wo die Grenze zwischen üblicher Tagwäsche und den «Dingen für gewisse Momente» verläuft. Transparenz und Spitze sind unverdächtig, Satin und Zierwerk Geschmackssache, gedruckte Motive und opulente Stickerei eher etwas für das verspielte Naturell. Schwierig wird es erst bei Materialien, welche eine normale Atmungsaktivität nicht mehr ganztags gewährleisten, oder bei Schmuckwerk, das sich deutlich unter Rock, Hose oder Shirt abzuzeichnen beginnt. Wenn die Bluse nicht mehr glatt über die Brust fällt, sondern sich darunter ein kleines Höckergebirge aus Wäsche aufbaut, stimmt etwas nicht mehr. So oder so bleibt es aber ganz allein Sache der Frau, mit welchen Absichten sie solches trägt. Männer dürfen dabei zwar zuschauen, aber bestimmt keine albernen Schlüsse ziehen.

Für die Dame

Falsche Fingernägel

Die Sache mit den falschen Fingernägeln hat sich wie eine Seuche ausgebreitet. Erst sah man sie nur in der Sorte von Filmen, für die man die Kinos im Bahnhofsviertel aufsuchen oder in Hotels extra bezahlen musste. Dann waren sie plötzlich an den Händen der Bardamen in grösseren Regionalstädten zu sehen. Heute haben sich die Nail-Designerinnen mit ihren Studios sogar in den kleinsten Dörfern eingerichtet, und eine ganze Industrie lebt davon, dass auch die Hausfrau vom Lande Hollywood-Nägel will.

Dem Wunsch liegt jedoch ein hässliches Missverständnis zugrunde: Die falschen, weil angeklebten Fingernägel waren nie elegant – und sie werden es nie sein. Sie sind das weibliche Äquivalent zum Toupet beim Mann: traurige, offensichtlich gekaufte und immer etwas verschobene Schönheit. Die Nagelprothesen werden auf die Fingernägel geklebt: Das gibt ihnen etwas Unnatürliches, weil sie immer etwas über das Nagelbett abstehen, egal, wie dünn die Kunststoffkrallen sind.

Das wahre Drama beginnt dann relativ rasch nach der Kleberei: Die natürlichen Fingernägel wachsen unter den synthetischen Kopien weiter und schieben die ganze Pracht nach vorne. Hinten muss also bald geschmirgelt werden, damit der Übergang zwischen echten und falschen Nägeln nicht allzu deutlich zutage tritt. Man muss zwangsläufig wieder ins Nailstudio, wo etwas Flickwerk betrieben oder gleich ein neues Set von Nägeln aufgefrickelt wird. Es gibt keine Alternative: Die echten Fingernägel müssen es sein, Ende der Durchsage. Sie müssen liebevoll gepflegt, mit guten Aprikosen-Ölen von Gerda Spillmann oder Mavala eingerieben und regelmässig gesäubert werden, damit sie gedeihen. Viel Wasser trinken, Nägel im warmen Olivenöl baden, Mineralstoffe zu sich nehmen. Dann braucht man keine falschen Krallen. Ein Nebensatz noch zur Länge der Nägel: Sie sollen nicht mehr als etwa drei bis vier Millimeter über das Nagelbett abstehen. «French Manicure» ist Pflicht, Nagellack die Kür.

Für die Dame

Strümpfe & Strumpfhosen

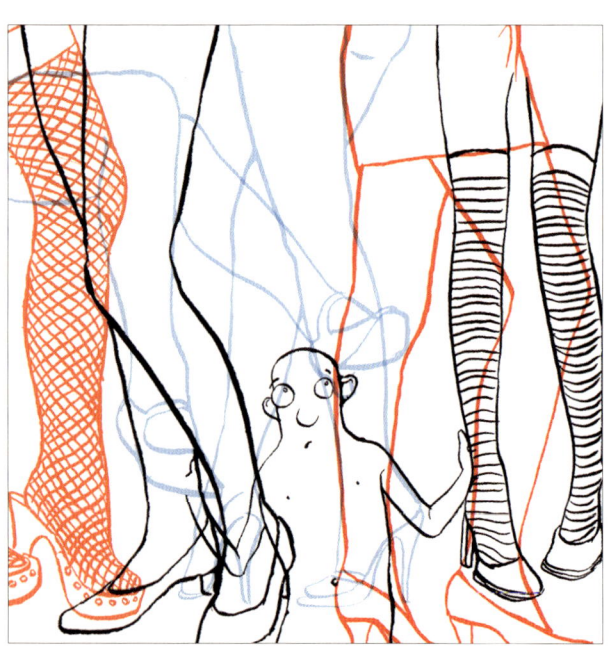

Die Realität ist die: Frauen tragen kaum noch Röcke, sondern am liebsten Hosen. Das als «männlich» wahrgenommene Beinkleid hat sich fast überall durchgesetzt – einen Zwang zum Jupe gibt es heute fast nirgends mehr. Der Wunsch der Mode (und der vieler Herren!) ist allerdings der, dass die Frauen im Frühling wieder mehr zum Rock greifen und etwas Bein zeigen. Die Modebranche spricht gerne von einem knielangen Rock – reichlich Fläche also, die Waden schön in Szene zu setzen.

Konservative Stilratgeber raten dazu, zum Rock immer Strümpfe zu tragen. Das ist alter Käse und riecht nach Margaret Thatcher. Am schönsten ist es natürlich, zum Rock nichts als die eigene Haut zur Schau zu tragen – dezent vorgebräunt und perfekt enthaart. Ein solches, nicht zu muskulös getrimmtes Bein ist das Nonplusultra, mit dem leider nur eine Minderheit gesegnet ist.

Es ist also durchaus legitim und manchmal sogar nötig, das Bein mit einem Strumpf – oder der verbreiteten Strumpfhose – zu bedecken. Hersteller solcher Produkte wollen einem gerne weismachen, dass den Damen dazu eine unerschöpfliche Palette von Farben aus dem ganzen Regenbogenspektrum zur Verfügung stünde. Dem ist natürlich nicht so. Eine Dame, die sich auch als solche versteht, trägt ihre Strümpfe nur in neutralen, dunklen Tönen, am besten in Schwarz. Transparent oder blickdicht ist eine Saison- und ein Stück weit auch eine Geschmacksfrage.

Primärfarben sind dagegen so gut wie gar nie vorteilhaft: mit dem misslungenen Revival der achtziger Jahre sind auch elektrisch-blaue, kanariengelbe oder feuerrote Strümpfe auf dem Müllhaufen der Geschichte gelandet. Sie sehen sowieso nur an 20-jährigen Mädchen im Jeansrock cool aus. Nicht in Frage kommen dürften blickdichte Strümpfe, welche Hautfarben imitieren – höchstens sehr feine, solche, die kaum sichtbar sind und sehr fein glänzen. Das Nonplusultra von ästhetischer Selbstverstümmelung sind schliesslich weisse Strümpfe. Sie sehen immer nach orthopädischem Eingriff aus und machen ein noch so schön geformtes Bein optisch dicker. Darauf sollten sogar Krankenschwestern besser verzichten.

Für die Dame

Lippenstift nachziehen

In der Werbung sieht das ja immer sehr erotisch aus, wenn sich eine Frau die Lippen nachzieht. In der einen Hand ein Spiegelchen, ein halbgeöffneter Mund, volle Lippen und ein Stift, der perfekt die Konturen akzentuiert. Kinderleicht, es funktioniert sogar im Rückspiegel des Autos.

Die Realität ist allerdings eine andere: Oft wird der Lippenstift – husch, husch! – aus dem Täschchen geklaubt und ohne einen Blick in den Spiegel aufgetragen, aufs Geratewohl. Danach haben nicht nur die bemalten Lippen lustige Konturen, sondern auch die verwendeten Lippenstifte absonderliche Formen: vorne flach wie ein Baumstumpf, manche aber auch spitz wie ein Minarett-Türmchen. Dieses wird einfach mit der Spitze zwischen die geschlossenen Lippen gesteckt und ruppig nach links und rechts gezogen. Manchmal, meist morgens, sieht man gar Damen in öffentlichen Verkehrsmitteln, die dort ihre ganze Morgentoilette machen. Auweia.

Eine befreundete Gastronomin, die in Zürich gehobene Küche auftischt, berichtete uns unlängst auch, dass es Damen gebe, die ihre Lippen nachziehen, sobald sie den letzten Bissen verschlungen haben – am Tisch, noch während des Essens. «Schokoladenmousse klebt noch an den Zähnen», so die Beobachterin, «doch schon werden die Handtaschen geöffnet und die erblassten Lippen belebt».

Unser vorderstes Ziel ist es, mit Stilempfehlungen das zwischenmenschliche Zusammenleben etwas schöner zu gestalten – für Beobachter wie Beobachtete. Also sagen wir: Öffentliches Lippennachziehen ist nicht chic. So etwas macht man am besten auf der Toilette, wo man sich der Sache mit aller Gelassenheit widmen kann und so auch ein besseres Resultat erzielt.

Und wenn wir schon dabei sind: Ein Konturenstift verhindert, dass die aufgetragene Farbe an den Lippenrändern schon nach zehn Minuten franst wie ein unversäuberter Saum. Doch Vorsicht: Der Konturenstift sollte nicht erkennbar dunkler sein als die Lippen, sonst bekommt man diesen «Beizerinnen-Mund» mit deutlich dunklerem Rand, der extrem unsexy, ja vulgär ist. Schlimmer ist nur noch, den Stift deutlich über die Lippenkontur hinauszuziehen und zu glauben, keiner durchschaue diese Mogelei.

Für die Dame

Le Chic fédéral

Jetzt hat die Schweiz wieder eine neue Bundesrätin, und wir freuen uns darüber, denn sie hat einen gewissen modischen Schliff – vom Nati-Leibchen im Bus nach Stuttgart einmal abgesehen. Ihr Look ist frisch, wenngleich sie sich mit sehr viel Weiss oft verblüffend nah bei Uriella's Fiat-Lux-Klub positioniert. Frau Leuthard fällt auf, so wie Frau Calmy-Rey, und das ist gut so. Anders ist es bei ihren männlichen Kollegen. Man scheint sich in Bundesbern stillschweigend auf einen antimodischen Ehrenkodex geeinigt zu haben: «le Chic fédéral».

Die überwiegende Zahl der in Bern stationierten Volksvertreter sticht nicht eben mit modischem Talent heraus, aber vielleicht – ja wahrscheinlich! – geht es im Bundeshaus ja auch nicht um Eleganz, sondern um politischen Sachverstand.

Doch auch ein antimodisches Statement ist eine Aussage. Was bedeutet also all dieses Diarrhögrau, Schimmelgrün, Leichenblau und Dackelbraun, das die Polit-Elite offenbar so liebt? Wir wissen wohl: Bern ist nicht Berlin oder Paris, und viel herausragende Modefachgeschäfte gibt es dort nicht. Doch es gibt sie, zum Teil keine 500 Meter vom Bundeshaus entfernt! Hängt das Ignorieren ihrer Dienstleistungen denn damit zusammen, dass die Damen und Herren Parlamentarier ja gar keine Berner sind, sondern aus Bulle, Weinfelden, Erstfeld oder Oensingen kommen?

Jeden National-, Stände- oder Bundesrat persönlich in die guten Geschäfte dieses Landes zu zerren und ein wenig aufzumöbeln, wäre uns selbstredend ein grosses Vergnügen – Anfragen nehmen wir gerne entgegen. Bis wir damit durch sind, hier ein kleiner Crashkurs zum Vermeiden des «Chic fédéral»:
Keine Kurzarm-, Bügelfrei- und Buttondown-Hemden zu Krawatte und Veston. Keine mit botanischen oder animalischen Motiven bedruckten Krawatten. Keine zehnjährigen Bundfaltenhosen mit Umschlag. Keine Söckchen und Gummisohlen-Slippers. Keine formlosen Dreiknopf-Vestons mit überschnittenen Schultern. Keine Landwirte-Karos und Jägerwolle. Keine dieser dubiosen Waffenschieber-Aktenköfferchen. Und keine traurigen Resthaar-Frisuren!
Dafür möchten wir durch die Wandelhallen schreien: Mehr Pathos und Drama! Mehr Farbe! Mehr Leben! Mehr Präzision! Wir würden es jede Woche in reichen Zeilen bejubeln.

Für den Herrn

Die Republik der Söckli-Träger

Egal, wie sehr sich die Welt der Schweizer Manager auch um Anerkennung bemüht, es wird immer einen Grund geben, warum sie von ihren Kollegen in London, Mailand oder Frankfurt verlacht wird: die Söckchen. Nicht die fehlende Eloquenz gegenüber dem Deutschen, der im Vergleich zum britischen Schneid etwas hölzerne Umgang oder die mangelnde Lässigkeit sind das Problem, sondern die knöchelkurzen Strümpfchen.

Schweizer Männer lieben die kurze Sportsocke, auch zum Anzug. Und das gehört sich wirklich nicht. Es ist ein kapitaler Fauxpas, wenn unter dem Hosensaum ein nacktes, blasses und dürr behaartes Bein hervorlugt, wenn ein Mann seine Beine übereinander schlägt. Es genügt nicht, einfach schwarze Business-Socken zu tragen – sie müssen auch lang sein! Für den gepflegten Italiener oder den englischen Gentleman ist das total selbstverständlich. Warum die frohe Kunde der feinen Langsocke aber bei den Schweizer Männern noch nicht angekommen ist, entzieht sich den Erklärungen.

Es scheint den Herren Eidgenossen wohl einfach ein wenig zu affig oder weibisch, kniehohe Socken zu tragen? Vielleicht fürchten sie sich auch davor, dann Sockenhalter montieren zu müssen, so wie das manchmal in alten Filmen zu sehen ist? Oder ist es eine tief in der Volksseele verwurzelte Ablehnung gegenüber dem früher im männlichen Adelsstand üblichen Strumpf? Man weiss es nicht.

Dem Skeptiker sei gesagt: Ein moderner Männer-Kniestrumpf wie das hervorragende Modell «Airport» von Falke sitzt den ganzen Tag tadellos unter dem Knie, ganz egal, wie man auch zappelt und hüpft. Eine moderne Socke hat nämlich einen breiten, elastischen Bund, der nicht einschneidet und dennoch unverrückbar sitzen bleibt. Sie wirft keine Falten und schiebt sich auch nicht zu einem Wulst am Knöchel zusammen.

Was wendet der Herr hinten in der konservativen Ecke ein, bitte? Das sähe albern aus, wenn man sich dann vor einer Frau ausziehe? Aber hallo?! Beschämender als ein Mann in kurzen Söckchen ist ein Herr in langen Strümpfen sicher nicht. Und Sie wissen ja: sich ausziehen geht ruck, zuck! Oder gehören Sie etwa zu den Zeitgenossen, die glauben, Ihre Herzdame mit einem Striptease beglücken zu müssen? Dann müssen wir noch mal ganz woanders anfangen mit unserer kleinen Stilkunde.

Für den Herrn

Das Herrenoberhemd

Die meisten Männer tragen im beruflichen Alltag ein Hemd. Sie glauben aber, dass man vom Hemd nur den Kragen, die Brust und bestenfalls die Manschette sieht und kaufen darum mindere Qualität. Ein schwerer Fehler! Denn ein gutes von einem mittelmässigen Herrenoberhemd zu unterscheiden, ist einfach. Hier sind zehn Punkte dazu:

1. Ein gutes Hemd – nicht etwa ein teures Hemd! – hat einen körpernahen Schnitt mit hoch sitzendem Armloch. Die Zeit der XXL-Zelte («Signum»-Stil) ist endgültig vorbei.
2. Jedes Männerhemd hat zwei bis zur Handwurzel reichende Ärmel mit Manschetten. Kurzarmhemden sind schlechter Stil, auch im Sommer.
3. Die Knöpfe sind in einem Abstand von maximal

acht Zentimetern voneinander placiert. Bei grösseren Abständen sieht man aufs Bauchfell.
4. Der Stich, mit dem das Hemd genäht ist, muss kurz und eng sein – sechs bis acht Stiche pro Zentimeter sind gut, längere Abstände weisen auf Budgetproduktion hin.
5. Sämtliche Nähte sind von innen fransenfrei verarbeitet und haben eine sogenannte Kappnaht, welche die Schnittkanten des Stoffs einschliesst. Den Abschluss der Seitennaht am Saum bildet ein kleiner, dreieckiger Stoffspickel.
6. Die Manschette ist mindestens 6,5 Zentimeter breit, gerne auch doppelt gelegt. Schmalere Manschetten gehen nur bei Dior-Homme-Hemden, doch die sind ein Spezialthema, weil dort alles schmaler und kleiner als üblich ist.
7. Der Ärmelschlitz hat ein extra Knöpfchen, das verhindert, dass dieser aufklafft.
8. Fest eingearbeitete Kragenstäbchen sind immer die schlechtere Wahl als solche, die man herausnehmen kann. Chic: Persönliche Silber- oder Platin-Stäbchen!
9. Eine Brusttasche ist im Grunde unnötig und gibt einem Hemd etwas von einem Pöstler oder Konducteur, der darin seine Kugelschreiber und Quittungsblöcke lagert.
10. Ein kleines, im Ton des Hemdes gehaltenes Monogramm auf der linken Front, etwa auf Höhe der Milz, ist das «Tüpfchen auf dem i».

Für den Herrn

Hemden bügeln

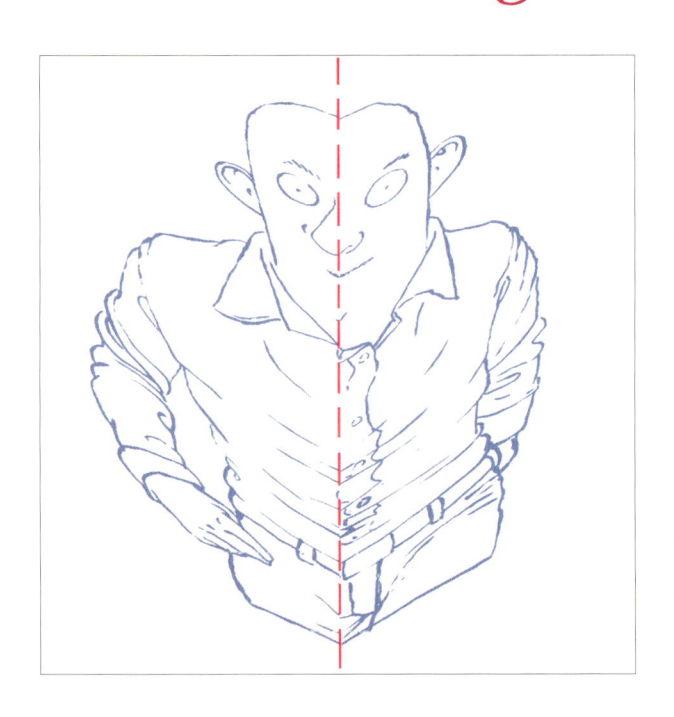

Eine Leserin versuchte sehr trickreich, uns in einen Hinterhalt zu locken, und sandte uns die Frage zu, ob sie bei den Kurzarm-Hemden ihres Mannes einen Falz in den Ärmel bügeln oder dies mittels eines Ärmelbügelbretts vermeiden sollte. Guter Versuch, aber wir sind nicht darauf hereingefallen. Denn kurzärmlige Hemden hat man gar nicht! Man macht einen weiten Bogen um sie oder schmeisst sie sofort weg, wenn man in den Tiefen seines Kleiderschranks dennoch ein Exemplar findet.

Ein Gentleman trägt niemals kurzärmlige Hemden, auch wenn uns Ueli Maurer und andere hemdsärmlige Ikonen des bäurischen Stils hartnäckig etwas anderes weismachen wollen. Daher kann es gar keine Unterscheidung der Arten geben, den Ärmel des Hemdes zu bügeln. Wir würden sogar meinen:

18

Am besten, man bügelt kurzärmlige Hemden gar nicht, dann zieht sie auch keiner mehr an!
Die Frage, ob man bei einem langärmligen Hemd einen Falz bügelt oder nicht, die ist hingegen hochinteressant. Es gibt dazu aber keine verlässlichen Regeln, nur Empfehlungen. Es ist Geschmackssache, ob man «frisch gebügelt» (also mit Falz von der Schulter bis zur Manschette) oder «ab Stange» (rund gebügelt, ohne Falz) aussehen möchte. Der Unterschied ist marginal und für gewöhnlich ja auch gar nicht sichtbar – ein Gentleman zieht sein Sakko bekanntlich nie aus. Wichtig ist nur, dass der Falz sauber endet, also auf dem Rücken einer Falte an der Manschette.
Es erscheint uns auch fast ein wenig pompös, den Falz im Ärmel, den es bei rationeller Arbeitsweise gibt, mit besonderen Kunstgriffen auszubügeln. Es zeugt nicht wirklich von viel Stil, sondern eher von zu unbekümmerten Zeitbudgets. Denn das Glattbügeln des Ärmels braucht einige zusätzliche Handgriffe und Instrumente. Nur Dandys werden ihren Müssiggang durch solcherlei Details betonen wollen. Wir lernen also: Eine Bügelfalte im Ärmel ist völlig okay und durchaus comme il faut, das Ausbügeln ist sehr verspielt und fast schon etwas zickig.
Wer will, darf diese Regel natürlich auch bei kurzärmligen Hemden anwenden, aber bitte verzeihen Sie uns, wenn wir wegschauen müssen, damit uns nicht übel wird.

Für den Herrn

Die Krawatte

«Let's face it», sagte die Designerin Miuccia Prada unlängst zur Erkenntnis, dass Männer in der Regel nicht zu den experimentierfreudigsten Erdenbürgern gehören, wenn es um die Mode geht. Der Mann mag das, was er schon kennt, am liebsten – dazu gehört auch die Krawatte. Sie ist für viele Männer ein fester Bestandteil ihres täglichen Outfits, und – let's face it! – so sehr sie sich auch manchmal zieren, das Ding zu lieben, so sicher fühlen sie sich doch, wenn sie einen Schlips umhaben.

Eine Krawatte verleiht noch immer einen seriösen Anstrich und gibt zu verstehen, dass es einem mit der Aufgabe, die man erledigt, ernster ist als mit der Individualität, die man dabei für sich reklamiert.

Krawatten müssen aus bester Seide oder Cashmere sein – alles andere taugt nur fürs Militär oder den Karneval. Punkto Motiv sind zurzeit nur Webmuster empfehlenswert, also feine Karos, diagonale Streifen oder kleine Punktmuster. Auch Uni ist, sofern das Material gut ist, eine sichere Wahl. Völlig klar dürfte sein, dass alle anderen, vor allem bildhaften Motive nicht lustig oder modisch, sondern total jenseits sind.

Eine Krawatte wird in unseren Breitengraden mit dem einfachen Four-in-Hand-Knoten gebunden, manchmal kommt auch der etwas voluminösere Half-Windsor zum Zug. Fragen Sie den Verkäufer danach – wenn er nicht mindestens diese beiden Knoten beherrscht, so gehört er nicht in den Laden, sondern ins Lager. Er müsste auch wissen, dass eine gebundene Krawatte mit der Spitze exakt auf der Gürtelschliesse endet. Keine zwei Finger darüber, auch keine paar Zentimeter darunter. Das schmale Ende kommt in die Schlaufe auf der Rückseite der Krawatte, nicht aber ins Hemd. Man steckt die Krawatte auch nicht in die Hose, obwohl diese Unsitte noch immer nicht ausgestorben ist. Wer fürchtet, dass der Schlips in die Suppe hängt, der befestigt ihn mit einer Krawattennadel einige Zentimeter über dem Nabel am Hemd.

Auf jeden Fall zieht man die Krawatte richtig schön fest, also mit geschlossenem Kragen. Oder man zieht sie ganz aus. Gelockerte Knoten, wie sie auch Würdenträger der Kommunalpolitik manchmal zeigen, sind so unelegant, wie wenn man den Hosenlatz aufhätte.

Für den Herrn

Anzug reinigen

Ein weiteres Mal packt der Rächer der Eleganz seinen Zweihänder, stösst ihn mit eiskaltem Grinsen mitten ins Herz des Eidgenossen und ruft: Schweizer Männer, ihr wirkt oft unsauber! Immer tragt ihr ein wenig vergammelte Klamotten, wie kleine Buben, die auf ihre Jacke gerotzt und mit dreckigen Fingerchen in die Hosen gegriffen haben.

Bei kleinen Buben ist das normal. Sie sollen ein bisschen Gebrauchsspuren des Alltags zeigen, sonst könnte man sich ja ihren eigentümlichen Geruch auch gar nicht erklären. Aber erwachsene Männer, deren Kleidung eine gut sichtbare «Patina» hat, an deren Teppiche, Leib- oder Bettwäsche möchte man lieber erst gar nicht denken.

Kleider gehören gereinigt, Punkt. Unter- und Oberhemd werden jeden Tag, die Hose etwa nach zehnmaligem Tragen gewaschen – oder sofort, nachdem sie einen Fleck bekommen hat. Etwas problematischer ist der Veston, der wegen seines komplexen Aufbaus meist nicht dazu geeignet ist, in die Maschine geschmissen zu werden.

Auch ein Veston gehört regelmässig gereinigt. Etwa zwei Mal in der Saison sollte das Minimum sein. Wer oft Anzüge trägt, der sollte sie auch öfter einmal wieder frisch machen lassen, vor allem die Hose, die im Schritt Sitzfalten und im Knie Beulen bekommt. Eine Bügelfalte ist auch nur dann wirklich sehenswert, wenn sie tatsächlich gebügelt ist. Mit einem feuchten Tuch und einem nicht zu heissen Eisen kann man das auch selbst sehr gut machen. Bei der Gelegenheit kann man auch gleich die Sitzfalten im Rücken des Vestons ausbügeln und die Tragespuren in den Armbeugen etwas ausdämpfen. – Vorsicht aber vor direktem Kontakt des Bügeleisens mit dem Tuch – allzu oft hinterlässt dies Glanzstellen, die für immer an die spontane Hausarbeit erinnern. Auch sollte das Revers des Vestons nur immer hochgeklappt von der Rückseite gedämpft werden.

Zurückhaltung ist auch beim Einsatz von Klebstoffrollern geboten, die eine patente Sache sind, wenn man etwas Staub oder Katzenhaare entfernen muss: Diese Dinger lassen kleine Klebstoffrückstände auf dem Textil zurück. Wer also viel «abrollert», dessen Anzug wird langsam selbst zu einer Art von klebrigem Schmutzfänger. Eine Naturhaarbürste ist die bessere Wahl, denn auch damit lassen sich Kleider im Handumdrehen wieder frischer machen.

Für den Herrn

Das Stofftaschentuch

Dürfen Männer heute noch ein Stofftaschentuch bei sich haben? Die Rede ist in diesem Fall von einem solchen Schneuztuch, das wirklich gebraucht wird, und nicht von einem Seiden- oder Leinen-Poschettli, das in die Brusttasche gesteckt wird und sowieso nur Dekoration ist. Ist dieses Tuch, das selbstverständlich in der Hosentasche verstaut wird, noch zeitgemäss? Und ist es hygienisch, ein «Bööggen-Album» mit sich herumzutragen?

Jene, die den grossen Traditionen des Stils zugeneigt sind, werden die Frage instinktiv richtig beantworten: Ja, natürlich darf man ein Stofftaschentuch verwenden. Man soll es sogar tun – man muss aber nicht. Es ist nichts gegen Tempo-Taschentücher aus Zellstoff einzuwenden, sie sind heute absolut akzeptiert. Doch wirklich chic ist es erst, wenn man sich in fein gewobene, vielleicht karierte Baumwolle schneuzt.

Man benutzt aber nur einen Tag lang dasselbe Taschentuch, so viel zur Frage der Hygiene. Abends wird es sofort aus der Hose oder der Jackett-Innentasche entfernt, tags darauf richtig schön heiss gewaschen, gebügelt und zusammengelegt. Ist man erkältet, transportiert man sogar vielleicht ein paar Ersatz-Taschentücher mit.

Zur Handhabung des Taschentuchs ist anzufügen, dass man selbstverständlich nur die Nase damit putzt, niemals aber sonst etwas abwischt, das einem nicht selbst gehört. Das Taschentuch ist Privatsache und gehört wenn immer möglich nicht fremden Menschen vorgeführt. Man schneuzt sich, indem man sich umdreht und das Sekret diskret aus der Nase pustet. Lautes Herumtrompeten ist ebenso unschicklich wie etwaiges Nachbohren mit den Fingern, um auch den letzten Krümel zu erwischen. Solches mag man lieber unter der Dusche stehend erledigen, wo es niemanden stört und durch den heissen Wasserdampf auch noch viel leichter geht.

Für den Herrn

Die Taschen des Mannes

Mannigfaltiges ist zu sehen, wenn man sich ein Weilchen an einem beliebigen Bahnhof in der Schweiz postiert und den vorbeieilenden Pendlern nachschaut. Was da täglich herumgeschleppt werden muss: Aktenordner, Computer, Stapel von Magazinen und andere Konvolute, Organizer und Telefone, Schreibwerkzeug, Lunchboxen und mehr. Das alles stellt gerade Männer vor die schwierige Frage, wo all die Dinge verstaut werden. In zehn Jahren lachen wir über das Problem, aber im Moment ist alles, was man zum täglichen Leben braucht, noch zu schwer und zu dick.

Deshalb gilt: Am Körper trägt ein eleganter Herr schon jetzt grundsätzlich nur sehr flache und leichte Dinge – Dinge, die schlicht und vorzugsweise nicht elektronischer Natur sind. Füllfederhalter,

22

eine Geldklammer mit Banknoten, eine dünne lederne Agenda und etwas Münz in der Hosentasche. Telefone, Filofaxe und anderes beulen einen Anzug zu sehr aus und lassen den Mann rasch wie einen Kondukteur aussehen. Auch ein Handy am Gürtel ist nur noch östlich von Weinfelden Usus.

Das digitale Zeugs kommt also nicht auf den Leib, sondern in eine lederne Aktentasche, die man für grössere Touren auf sich führt. Ein Rucksack geht gar nicht, damit sieht man aus wie ein Zeuge Jehovas oder sonstwie religiös motivierter Zeitschriften-Verteiler. Nylontaschen sind auch sehr unelegant, seit sogar das Schweizer Militär solche Beutel hat. Wir erwähnen das Aktenköfferchen nur der Vollständigkeit halber – es scheint klar, dass nur Waffenschieber, Geldwäscher und Erpresser mit einem solch antiquierten «Hard Case» durchs Leben gehen.

Eine gute Aktentasche hingegen verströmt den liebevoll spröden Charme eines gesitteten Bürolisten – genau das Richtige in Zeiten, wo es wieder vermehrt um Etikette und einen kultivierten Auftritt geht. Sie kann durchaus günstig sein, wie zum Beispiel von Navyboot, aber man sollte es ihr nicht ansehen. Sie kann auch unfassbar teuer sein, wie zum Beispiel von Hermès, doch dann sollte sie umso unspektakulärer wirken.

Einem Mann mit einer Tasche aus Plastic sollte man nicht mehr als einen gut gemeinten Ratschlag abnehmen – die Freitag-Taschen einmal freundlich davon ausgenommen.

Für den Herrn

Gefärbte Haarpracht

Man erinnere sich an den zum Berater mutierten deutschen Ex-Bundeskanzler Gerhard Schröder: Was war das für ein Uh-la-la und Ach-je, als der Mann eines Tages plötzlich mit deutlich dunklerem Schopf vor die Kameras trat. Er hätte in dem Moment sagen können, dass er Angela Merkel skalpieren wolle, man hätte es nicht gehört, weil alle Welt so gebannt auf seine Frisur starrte.

Es schien eindeutig: Gerd hatte, auch wenn er dementierte und sogar ein Verbot zur Verbreitung dieser These erwirkte, mutmasslich die Haare gefärbt. Vielleicht wird das Kapitel eines Tages gar als Wendepunkt in seiner persönlichen Geschichte identifiziert. Denn Männer mit gefärbten Haaren gehen gar nicht, Ende der Durchsage. Das gilt sowohl für lustig jugendliche Strähnchen wie für

schwarz gefärbte Schawinski-Locken. Man darf einem Mann nie ansehen, dass er Kunstgriffe benötigt hat, um seine Erscheinung aufzumotzen. Das ist, wie wenn man sich einen zwei Meter breiten Spoiler ans Heck schraubt. Wenn ein Mann grau wird, so muss er diese Tatsache mit Würde und Lässigkeit tragen. Nur so wirkt er souverän und kann seine Autorität wahren.
Für Frauen gelten etwas andere Regeln. Natürlich ist auch eine Frau, deren Schopf in Würde ergraut ist, eine Wucht. Wenn sie es schafft, diese Veränderung mit Nonchalance zu akzeptieren, gehört sie zu den grössten Stilprofis. Dennoch ist es, anders als bei den Männern, keine Sünde, dem Friseur den Auftrag zu geben, dem Schopf etwas mehr Pep zu geben. Allerdings braucht es Augenmass.

Erstens: Lassen Sie einen Profi ran. All das Zeug zum Selbermachen liefert am Ende höchstens mittelmässige Ergebnisse. Man möge mir das Gegenteil beweisen! Sagen Sie dem Hairstylisten dann, er müsse die Sache so anpacken, dass das Ergebnis so natürlich wie möglich aussieht.
Platinblond steht nur ganz wenigen Frauen – es hat etwas affektiertes, siehe Gwen Stefani. Bunte Strähnchen und gescheckes Kopffell im Stil eines Bengalischen Tigers war zwischen 1982 und 1986 schon bei Cher grässlich. Dasselbe gilt für pechschwarzes Haar: Seit The Bangles oder Joan Jett hat niemand diesen Look mehr überzeugend hingekriegt. Schlimmer noch: An mitteleuropäischen Frauen sieht Schwarz fast etwas altmodisch aus.

Körperkultur

Das Deodorant

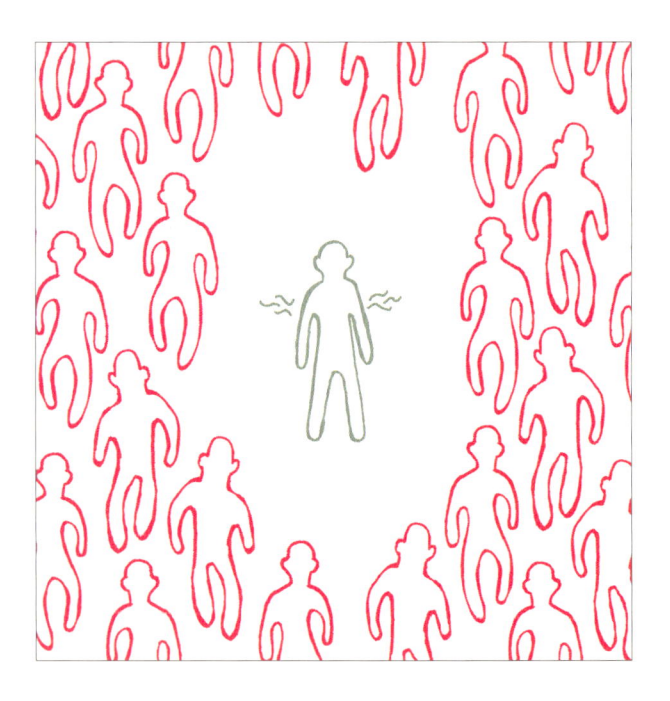

Uns ereilte in den rekordverdächtig heissen Sommertagen im Juli 2006 von berufener Seite die Bitte, wir möchten uns in dieser kleinen diktatorischen Weltverbesserer-Rubrik doch einmal mit dem Problem des Körpergeruchs bzw. der dadurch entstehenden Belästigung von Mitmenschen auseinandersetzen. Uns wurde berichtet von Tantalusqualen, «hervorgerufen durch (Fuss-) Schweisswolken, penetrant-primitive Deos, mehrfach getragene Shirts oder Hemden und ähnlich Degoutantes», so unsere Quelle, die wir aus Gründen des Zeugenschutzes anonym halten.

Uns war das Problem nicht unbekannt, wenngleich wir in unserer hochsophistizierten Scheinwelt von Glamour, Mode und Schönheit natürlich weniger direkt von diesen Dingen betroffen sind, die einem den schönsten Sommer vergällen können. Doch auch wir begeben uns gelegentlich unters Volk, um etwas «Stallgeruch» aufzunehmen. Wir stellten in der Folge also fest, dass es den Mitmenschen zwar bewusst war, dass es Kosmetikprodukte gibt, die Körpergeruch minimieren, sie diese aber lieber nicht benutzten. Weshalb? Es muss eine Mischung aus Geiz, Dummheit, Ignoranz und Mangel an Selbstachtung sein.

Deshalb formulieren wir die erste Grundregel: Wer kein Deo benutzt, hasst sich selbst und seine Umwelt. Und wer sein Hemd im Sommer zweimal trägt, gehört auf den Mond geschossen.

Dann wird's etwas diffiziler: Ein Deodorant entfaltet seine Wirkung am besten auf der Haut, nicht in den Achselhaaren – also schneidet man diese (zumindest im Sommer) besser ab. Ein Deo sollte am besten geruch- und farblos sein, damit es nicht mit dem gewählten Eau de Toilette oder Cologne des Trägers interferiert und keine Spuren auf (dunklen) Kleidern hinterlässt. Am besten sind Roller oder Stifte, Sprays belasten bekanntlich die Umwelt stärker und enthalten meistens zu viele Duftstoffe.

Auch Füsse kann man desodorieren, wenigstens ansatzweise. Ein tägliches Fussbad mit pflegenden Essenzen hilft, die im Sommer exponierten Gliedmassen appetitlich zu halten. Bleibt uns noch zu sagen: Auch gepflegte Füsse gehören nicht ganz entblösst oder in der Bahn gar auf die gegenüberliegende Sitzbank gelegt.

Körperkultur

Wie weiss sollen Zähne sein?

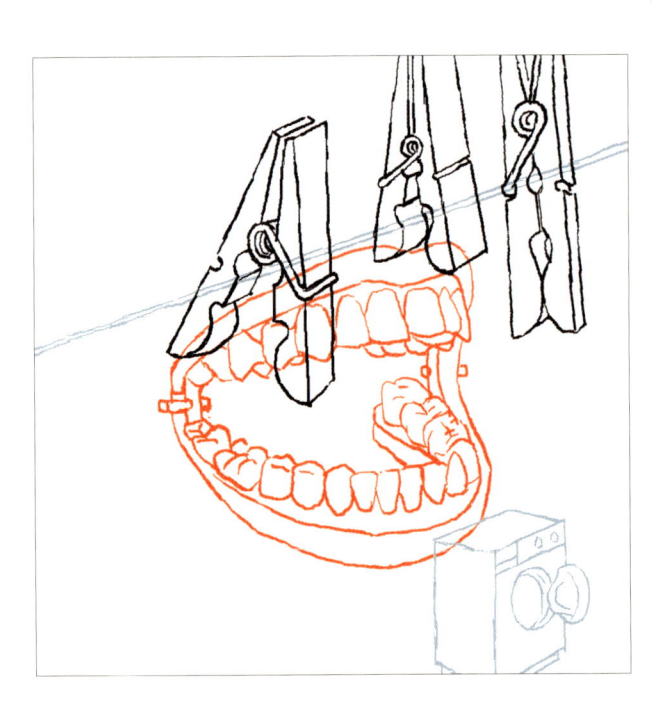

Hollywood lässt die grellweissen Zähne blecken. Kaum ein Star in den bunten Blättern dieser Welt, der nicht verblüffend weisse, ja geradezu gleissende Zähne hat. Das Gebiss, so vermitteln uns diese Aufnahmen, ist eines der wichtigsten Statussymbole der Jetztzeit. Dental Bleaching ist das Boom-Thema der Zahnbranche und beschert den Fachärzten ganz neue Einnahmequellen. Muss man diesem Trend nacheifern?

Im Grunde ist es ja lächerlich, wenn Sechzigjährige noch einen Smile haben, der einen blendet. Normalerweise haben Zähne in diesem Alter schon deutlich von ihrer Leuchtkraft eingebüsst, und das hat in den letzten Jahrtausenden der Menschheitsgeschichte auch noch niemanden gestört. – Wir leben aber im Hier und Jetzt, mit ständig aktualisierten Schönheitsidealen. Diesen muss man nicht blind folgen, doch man darf evaluieren, ob man ihnen entsprechen will. Und hat man sich erst einmal an die Idee gewöhnt, dass die Zähne mit wenig Aufwand weisser sein könnten, ist es schwer, diesen Gedanken wieder abzuschütteln. Denn neu ist es nicht, dentalästhetische Massnahmen zu ergreifen. Die Zahnmedizin spielt schon seit Jahrzehnten mit Schönheitsvorstellungen. Eine Zahnspange trägt man nicht nur, damit man später besser zubeissen kann, sondern um eines Tages weniger schief in der Gegend herumzugrinsen. Also ist ein dezentes Bleaching durchaus etwas, das man als stilbewusster Zeitgenosse erwägen kann.

Im Klaren sein sollte man sich nur, dass die Langzeitfolgen solcher Behandlung noch keinesfalls abschliessend erforscht sind. Und dass man sich von ausgewiesenen Fachleuten in die Materie einführen lassen soll. Do-it-yourself-Lösungen sind keine gute Idee. Und man soll bei diesem Thema eine gewisse Dezenz an den Tag legen. Leuchtend weiss ist nur mit x-fach wiederholten und potenziell schädlichen Behandlungen erreichbar. Ein leichtes Aufhellen der vorderen Zahnreihen wirkt aber so, als hätte man das Licht angeknipst: Man sieht freundlicher und frischer aus. Und dagegen ist aus stilistischer Sicht ebenso wenig einzuwenden wie gegen einen leicht gebräunten Teint.

Körperkultur

Die Fitness-Garderobe

Es ist hinlänglich bekannt, dass Kraftstudios heute nicht mehr zum ausschliesslichen Tummelfeld von einigen muskelverrückten Hobby-Schwarzeneggers gehören – sie sind für breite Bevölkerungsschichten so alltäglich wie E-Banking oder Shopping. Die Zentren zur Leibesertüchtigung haben damit ein wenig die Sportklubs, das Männerturnen und die Damenriegen abgelöst.

Obwohl Fitness also inzwischen durchaus die Qualität eines sozialen Evenements hat, gibt es noch immer eine grosse Anzahl Menschen, die diesen Aktivitäten in einer Aufmachung nachgeht, die Mitbürger mit auch nur halbwegs ausgebildetem ästhetischem Empfinden in schwerste Trübsal stürzt.

Gängig sind Elemente abgelegter Freizeitgarderobe wie verwaschene Shorts und ärmellose

Leibchen, begleitet von notdürftig auf Indoor-Tüchtigkeit gebürsteten Turnschuhen. Die Palette wird abgerundet von der verblassten Socke, dem zerknitterten «Hard Rock Café»-Shirt und der ausgebeulten Trainerhose.

Es ist deshalb höchste Zeit, diesem scheinbar lässigen Look die rote Kelle zu zeigen und für einen adäquaten Workout-Dresscode zu plädieren. Gute, nicht zu martialische Turnschuhe sind das Fundament. Sie werden nur zum Fitness, nie aber auch beim Waldlauf getragen. Eine lange Hose, ob eng anliegend oder körpernah geschnitten, bekleidet das Bein, und zwar vollständig. Der schwitzende Körper braucht nicht unnötig mit den Geräten in Kontakt gebracht zu werden. Das Shirt kann kurze oder lange Ärmel haben, Bauchfrei-Modelle und Spaghettiträger sind unangemessen. Alles muss aus modernen technischen Materialien gefertigt und nicht allzu bunt sein. Und: Jedes Element dieser Garderobe wird nach dem Training gewaschen, j-e-d-e-s. Denn was noch weniger geht als hässlich angezogene Fitnesstreibende, sind solche, deren Kleider übel riechen. Sie sollten von den Centern umgehend mit Extra-Gewicht und im Wiederholungsfall mit Abo-Entzug bestraft werden.

Körperkultur

Der Saunabesuch

Ein skandinavisches Schwitzbad zu frequentieren, ist für viele Menschen ein geliebter Exkurs vom stressigen Alltag. Unbestritten sind die günstigen Einflüsse auf die Selbstreinigung der Haut, die Stärkung des Kreislaufs und die Psychohygiene.

Wer sich als Neuling in die Sauna begibt, der fühlt sich erst einmal unsicher: Wie bewegt man sich, wie setzt man sich hin, wie drapiert man sein Tuch, wann ist Zeit für einen Aufguss? Darf man andere ansprechen, oder gerät man so in den Verdacht, die Situation für ungebührliche Ziele ausnutzen zu wollen? Hier die Antworten:

Natürlich betritt man eine Sauna immer gänzlich nackt, Ende der Diskussion. Mit einem Badekleid zu schwitzen, ist etwa so, als würde man mit einer Sonnenbrille ins Kino gehen. Dann bewegt man sich deutlich langsamer als im Alltag, schliesslich soll hier auch die Hektik des Alltags abfallen. Hereinstürmen und sich hastig hinsetzen ist uncool. Allzu lässiges Herumstolzieren und Herzeigen nackter Tatsachen soll auch vermieden werden.

Das Hinsetzen erfolgt in gebührendem Abstand zu sich bereits in der Sauna befindenden anderen Personen – als Unterlage dient ein grosses, frisch gewaschenes Frotteetuch. Menschen, die sich auf waschlappengrossen Fetzchen niederlassen, bringen ein Manko an Respekt vor den Mitmenschen mit. Nur wenn genügend Platz ist, möge man sich der Länge nach hinlegen.

Wer einen Aufguss machen will, der fragt erst die Runde, ob es Zeit für eine neuerliche Befeuchtung der Steine ist, bevor er zur Kelle greift. Während des Schwitzens konzentriert man sich und reduziert seine kommunikativen Triebe. Lautes Plaudern ist an einem Ort, wo auch das Licht gedimmt ist, nicht angebracht. Wer es nicht lassen kann, soll andere Menschen ansprechen – spürt man aber, dass der andere nicht in Stimmung für einen Schwatz ist, so möge man die Offensive umgehend wieder einstellen. Monologe zu Fussball oder Politik sind verpönt. Was ausserdem rücksichtslos ist: Schneuzen. Langes Wettschwitzen unter Gruppen junger Männer. Berührungen unter Paaren, wenn andere Menschen zugegen sind. Geräuschvolles Abstreifen des Schweisses. Grunzen, Stöhnen oder übertrieben schweres Atmen. Denn wer nicht ganz gelassen und beschwerdefrei schwitzen kann, der soll es sein lassen.

Körperkultur

Duzen oder siezen?

Es gibt ein Heft, das zu lesen nicht abartig ist, das einem aber dennoch nicht recht behagen will – es heisst «FHM» und bedeutet «For Him Magazine». Blöder Name, finden wir auch, doch wir erwähnen das Medienerzeugnis hier eigentlich eher wegen der penetranten Masche, seine Leser zu duzen. Wohlverstanden: «FHM» ist kein Teenie-Magazin, das sich beim Zielpublikum anzubiedern hat, sondern eine Publikation für erwachsene Männer. Und die werden einfach so geduzt.

Es gibt noch andere Orte, wo man unverhofft mit Du angesprochen wird – so geht man in Fitnesscenter ganz selbstverständlich davon aus, dass jeder mit dem anderen ein Duzfreund sein will. Warum aber duzen, wenn man siezen kann? Wir wissen es nicht, doch wir sind sehr dafür, wenn man diesbezüglich wieder etwas «Rigueur» an den Tag legen könnte. Das Geduze, mit dem alles auf ein Durchschnittsniveau egalisiert wird, hat etwas Grobes. So wechselt man ja auch gerne vom Sie ins Du, wenn es gilt, wildfremde Menschen im Affekt abzukanzeln.

Deshalb gilt folgende Regel: Grundsätzlich ist jedes Individuum über 18 Jahre zu siezen, solange sich nicht persönliche Situationen oder Notwendigkeiten ergeben haben, auf das Du zu wechseln. In Situationen, wo man im gesellschaftlichen Rahmen genötigt wurde, ins Du zu fallen, ist es absolut möglich, ab einem frei wählbaren Zeitpunkt ins Siezen zurückzuwechseln. So ist von der Ex-«Vogue»-Chefredaktorin Angelika Blechschmidt überliefert, dass sie sich in einem abendlichen Zirkel am Nil gezwungen sah, sich dem Du zu beugen, dies aber nur, indem sie der Runde die temporäre Begrenzung des Aktes bedeutete: «Heute Abend will ich Angelika sein.» Bravo!

Gut finden wir auch den kreativen Umgang mit dem Sie, indem man sein Gegenüber zwar mit Vornamen, gleichzeitig aber mit Sie anspricht – also «Angelika, möchten Sie noch ein Glas Champagner?»; das hat etwas Freundliches und angenehm Distanziertes. Die einzige Ausnahme, die wir gut sein lassen wollen, ist die Alpinisten-Duzerei – wer sich über 4000 Meter hinaufgerackert hat, steht auch im wörtlichen Sinne über dem Verdacht, das Du nur aus niederen Gründen zu wählen.

In Gesellschaft

Häsch mer dis Chärtli?

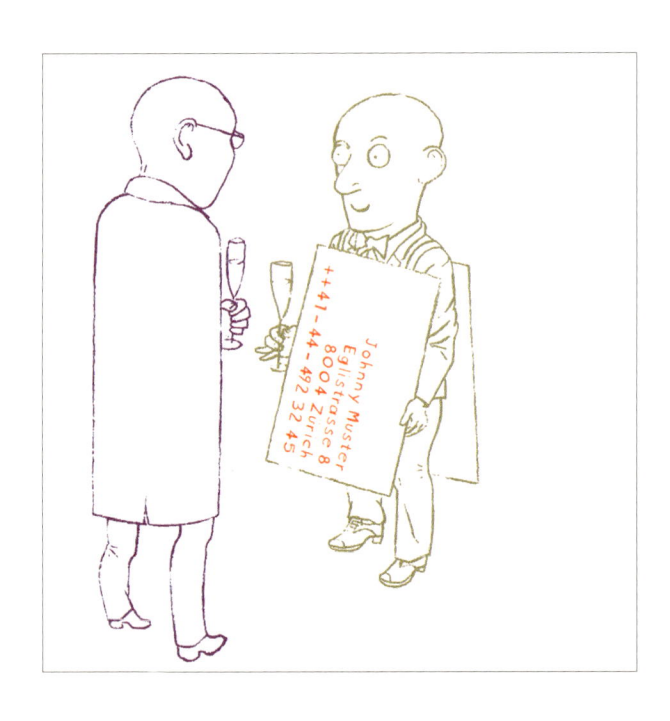

Die Asiaten, die uns ja jetzt bald überrollen werden, nehmen das Ritual des Visitenkarten-Tauschens sehr ernst. Die Kärtchen werden, mit beiden Händen gehalten, dem Gegenüber mit einem Knicks überreicht und dann ausführlich und anerkennend raunend studiert. Solches trifft man bei uns selten – hierzulande hat das Tauschen von Visitenkarten etwas Beiläufiges. Eigentlich schade.

Noch trauriger ist es, dass manche Menschen, gerade auf Afterwork-Cocktails oder Steh-Lunches ihr Gegenüber geradezu auffordern müssen, eine Visitenkarte zu zücken. «Häsch mer dis Chärtli?», hört man, und wüsste man nicht, dass hier Erwachsene ihre Koordinaten tauschen, dann klänge das ein wenig so wie Buben, die Fussball-Bildli tauschen.

29

Darf man eine Visitenkarte einfordern? Natürlich nicht. Die Frage nach dem Stück bedruckten Halbkarton ist eine Unnötigkeit, weil man sie a) umschiffen kann und b) ein zivilisierter Mensch merkt, wann es angemessen ist, seinem Gegenüber eine Karte in die Hand zu drücken. Umschifft wird die Frage, indem man selbst handelt und eine Karte anbietet. Es versteht sich von selbst, dass der andere dann etwas zurückgibt. Die Karte nur entgegennehmen ist unhöflich.

Dies ist jetzt allerdings kein Plädoyer für ungehemmtes Visitenkarten-Verteilen. Diese Karten sind ja oft teuer, also will mit Bedacht damit umgegangen sein. Es ist nicht nötig, einem Gegenüber, mit dem man nicht sofort in Umgang zu treten gedenkt, seine gesammelten Daten zu übergeben. Erst wenn eine gewisse berufliche oder menschliche Nähe die spätere Kontaktaufnahme wahrscheinlich werden lässt, soll man Karten tauschen.

Natürlich stehen auf der Visitenkarte weder Privatadresse noch Handynummern – es sei denn, man ist fliegender Händler oder Tupperware-Vertriebspartner. Gut ist es auch, verschiedene Karten zu haben: eine mit maximalen und eine mit minimalen Angaben, dazu eine für private Zwecke. Wem dies zu teuer ist, dem empfehlen wir die Blanko-Visitenkarten von Ma Blanche aus Berlin: Man kann sie selbst ausfüllen und notfalls Koordinaten frei erfinden, falls man von jemandem zum Tausch aufgefordert wird, den man nicht wieder sehen möchte.

In Gesellschaft

Aufs Handy anrufen

Es war am Radio, der Moderator interviewte – mit wohltuender Bassstimme das Gemüt streichelnd – einen Menschen, der 1986, als der Reaktor von Tschernobyl explodierte, in den USA Klischee-Ferien machte. Sie wissen schon, Motorhome und der ganze Käse. Der Interviewte sagte dann nichts Gescheites, ausser den einen Satz, der eine gewisse Nostalgie auslöste: Damals, vor zwanzig Jahren, habe man halt noch keine Handys gehabt, um nach Hause anzurufen.

Damals war es ein richtiges Projekt, einen anderen Menschen zu erreichen. Man telefonierte, um etwas mitzuteilen oder in Erfahrung zu bringen, statt den anderen aus Langeweile zu ärgern und zu fragen: «Mann, wo bisch grad?» Natürlich möchten wir nicht in diese Zeit zurück oder das Handy, das heute schon bei Zehnjährigen völlig normal ist, wirklich missen. Aber eine gewisse Klarheit, wann und warum man einen Menschen anruft, das wäre nicht schlecht. Deshalb hier ein kleiner Call-Knigge für Handys in drei Handgriffen.

Erstens: Man ruft nur an, wenn es etwas zu sagen oder zu klären gibt. Ausnahmen sind intime Telefonate, die aber wiederum nicht vor den Ohren anderer stattfinden sollen. Im Restaurant oder im Zug Kuschel-Gespräche zu führen, ist unstatthaft.

Zweitens beschränkt man sich, weil die Gesprächsminuten ja, allen anderslautenden Beteuerungen der Mobilfunkbetreiber zum Trotz, noch immer teuer sind, auf das wirklich Notwendige. Wenn man selbst anruft, steuert man sogleich und ohne Umschweife auf die Kernfrage zu. Als Angerufener, der ja meist sieht, von welcher Art von Nummer aus der andere spricht, verzichtet man auf üppiges Nachfragen nach allgemeiner Befindlichkeit.

Und drittens soll man seine Anrufe auf vernünftige Tages- und Nachtzeiten beschränken. Einen anderen Menschen vor 9 Uhr früh auf dem Handy anrufen darf man nur, wenn man sicher weiss, dass dieser den Anruf dann auch erwartet. Alles andere ist Telefonterror. Tabu sind auch geschäftliche Anrufe zwischen 12 und 14 Uhr sowie nach 19 Uhr. Man kann davon ausgehen, dass das Gegenüber dann anderen Dingen nachgeht als geschäftlichen. Die, die das nicht tun, sind schlimme Karrierekrüppel. Ausnahmen gelten, aber wirklich nur, wenn irgendwo ein Reaktor explodiert. Und das wollen wir für die nächsten dreitausend Jahre nicht hoffen.

In Gesellschaft

Unpünktlichkeit

Im Land der Schweizer Qualitätsuhren gilt Unpünktlichkeit, anders als im Land der Pizza und dem der flüssigen Käsesorten, als kleines Verbrechen. Man toleriert es nicht leicht, wenn einer länger als vier Minuten auf sich warten lässt. Es hinterlässt schnell einen faden Beigeschmack, sich hierzulande mehr als 250 Sekunden zu verspäten. Das ist natürlich etwas gar streng. Wir würden in dieser Sache darum dringend für etwas mehr Lässigkeit plädieren.

Nun gibt es aber auch jene Zeitgenossen, welche sich durch notorische Unpünktlichkeit eine Art mediterranes Flair zulegen wollen und deren Zuspätkommen etwas Kalkuliertes, ja Angeberhaftes hat. Sie sind nicht weniger lamentabel als jene Spiesser, welche jede Sekunde zählen. Absicht-

liches Zuspätkommen ist billig und herablassend. Doch ein kleines bisschen zu spät kommen, das ist im privaten und manchmal sogar im geschäftlichen Rahmen durchaus in Ordnung. Man entspannt die Sache, indem man sich eine Zeittoleranz zwischen drei und zehn Minuten gönnt. Der andere hat dann unverhofft etwas mehr Zeit, noch die getragenen Socken unters Sofa zu stupsen, die herumliegenden Aktenstapel in einen Schrank zu bugsieren oder die Rauchschwaden des angebrannten Käsesoufflés aus dem Haus zu verscheuchen.
Das «akademische Viertel», also fünfzehn Minuten Verspätung, sind allerdings wieder zu viel – hier dient man, seine Unpässlichkeit durch einen kurzen Anruf oder eine Kurznachricht mitzuteilen. Danach sind selbstredend plausible und einigermassen glaubwürdige Entschuldigungen angebracht. Kein Beknien, aber eine kurze und ehrliche Erklärung. Unentschuldbar aber ist es, über eine halbe Stunde zu spät zu kommen und dann nur heuchlerisch zu jammern: «Jesses, ich bin doch nicht etwa zu spät?» Solche Verabredungen sollte man meiden oder zumindest nicht freiwillig zu wiederholen versuchen.

In Gesellschaft

Das Tanzbein schwingen

Eine hervorragende Sache, das Tanzen! Man beansprucht die ganze Körpermuskulatur und befreit den Geist. Und man gewinnt dabei eine Menge Energie. Eigentlich müsste Tanz in Schulen Pflichtfach und später auch mindestens wöchentliche Usanz sein. Statt Reckturnen und Fussball Tanzen, das wäre eine echte Bildungsrevolution!

Betrübliche Tatsache ist aber, dass Menschen, die das 30. Altersjahr hinter sich gelassen haben, oft lieber einrosten, statt sich weiter zu Musik zappelnd zu lockern. Wer aufhört zu tanzen, der hört aber auch auf, frei und ungestüm zu sein.

Doch wie tanzen? Soll man, wie es die Männer gerne machen, nur ein bisschen mit in die Hosentaschen gehakten Daumen herumstehen und mit dem Fuss auf den Boden tippen? Cool, man. Oder

soll man versuchen, sexy zu wirken und geschulte Schrittfolgen aufs Parkett zu legen? Gar raumgreifende Figuren in die Luft malen?
Die Antwort ist: Das ist ganz egal! Hauptsache, man tanzt. Beim freien Tanzen zu Disco- oder Beatmusik soll man ganz sich selbst sein. Man darf albern oder cool sein, je nachdem, welches Bild man gerne von sich weitergibt. Die einzige Benimmregel ist in diesem Fall, anderen Partygängern nicht mit rudernden Händen die Augen auszustechen, Zehen zu zertrampeln oder Knie zu zerschmettern. Etwas umständlicher wird's, wenn es um Standard- und Gesellschaftstänze geht. Da ist es natürlich gut, wenn man zumindest einmal im Leben eine Grundschulung besucht und die wichtigsten Schrittfolgen gelernt hat, also Walzer, Foxtrott und so. Ein solches Not-Repertoire hilft einem mitunter, gesellschaftlich am Ball zu bleiben. Nur bitte nicht übertreiben mit dem Tanz-Know-how: Pärchen, die mit besonders ausgefeilten Rock'n'Roll-Schritten bluffen, sind in der Regel eher ein etwas peinlicher denn ein erfreulicher Anblick.

In Gesellschaft

Wer zahlt die Rechnung?

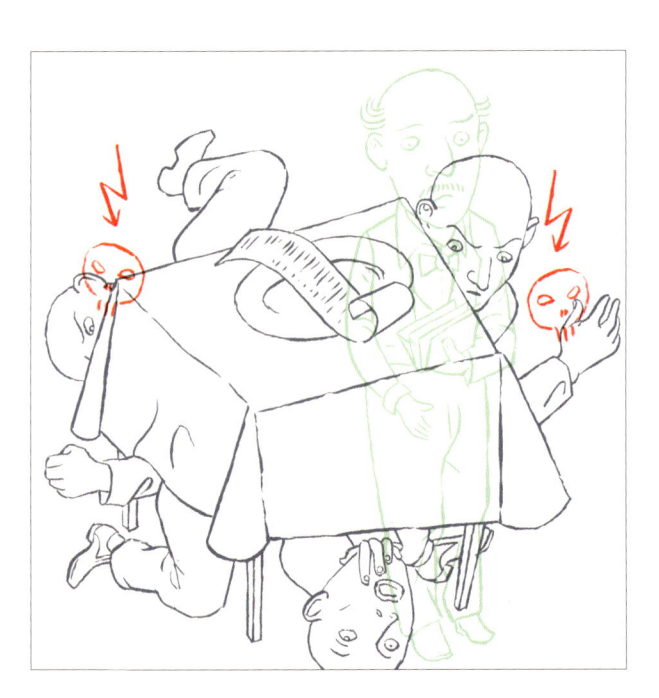

Man kennt die Szene: Regelmässig bricht in Restaurants ein kleines Scheingefecht aus, wenn das Dienstpersonal an den Tisch tritt und, quasi als letzten Gang, das Dossier mit den addierten Kosten der eben abgeschlossenen Verpflegung serviert.
Dann wird hastig über den Tisch gelangt, um dem Gegenüber die Rechnung wegzuschnappen und seine Grosszügigkeit demonstrativ zu beweisen. Im dümmsten Fall wird am Dokument gezerrt und darum gefeilscht, wer nun diese Runde schmeissen darf. Das ist natürlich unwürdig und unnötig. Man sollte solche Leute in den Hinterhof bitten, sich dort in Freundlichkeiten zu überbieten, oder einen Mediator beizuziehen. Besser ist es also, sich vorgängig kurzzuschliessen und zu regeln, wer die finanziellen Folgen der Verköstigung trägt.

Wenn Dame und Herr zusammensitzen, bringt der Kellner auch heute noch die Rechnung dem Herrn. Das ist im Prinzip richtig, heisst aber keinesfalls, dass immer der Mann zu zahlen hätte. Ein wahrer Gentleman würde nie versuchen, einer Frau, die ihn zum Essen einladen möchte, diesen Wunsch auszureden. Wenn die Dame aber keine expliziten Anstalten macht, die Rechnung zu übernehmen, zahlt selbstverständlich der Herr.
Extrem uncool ist es, in so einem Fall die Rechnung teilen zu wollen: Ein grossmütiger Geist wird immer versuchen, dies zu vermeiden, indem er selbst für den Gesamtbetrag aufkommt. Die anderen können sich ja bei nächster Gelegenheit gerne revanchieren. Davon sollte man selbstverständlich ausgehen können: Wer zahlt, der wird das nächste Mal eingeladen. – Das gilt auch unter Kollegen oder bei Männerfreundschaften: Wenn immer möglich, zahlt nur einer für den ganzen Tisch. Wer sich später nicht von selbst an diese Grosszügigkeit erinnert, der darf auch ruhig entsprechend ermahnt und in die Pflicht genommen werden.
Anders ist es, wenn man sich mutmasslich nur einmal trifft, vielleicht zu geschäftlichen Zwecken. Dann zahlt natürlich der Bittsteller (der auch Auftraggeber sein kann) und derjenige, der die Initiative zu einer gemeinsamen Verpflegung ergriffen hat. Er wird die Rechnung ja im Normalfall seiner Firma weiterverrechnen. Und sonst als Mahnmal eines erfolglosen Werbens in das Poesiebuch des Lebens einkleben.

In Gesellschaft

Handy-Klingeltöne

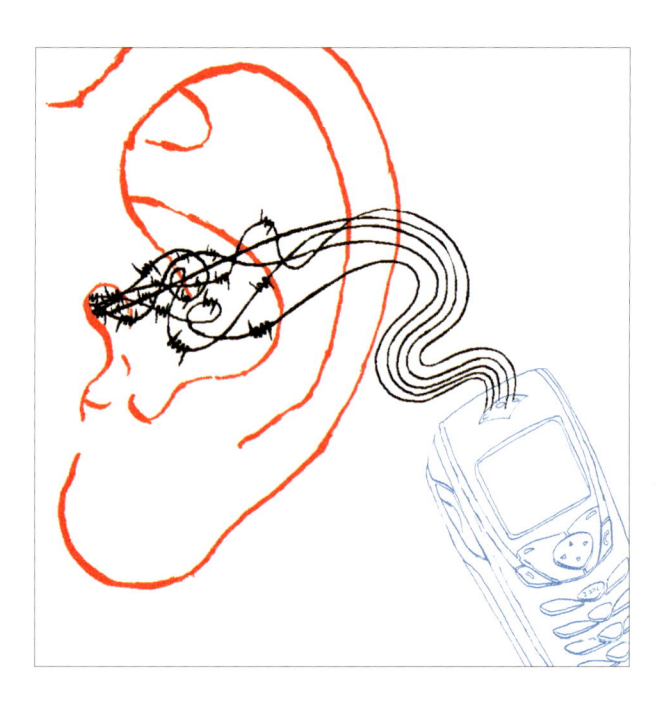

Mobiltelefone werden immer kleiner. Sogar Nokias «Ziegelstein», den man in der Urversion unmöglich auf sich tragen konnte, hat inzwischen ein Format, das in eine Jackentasche passt. Damen tragen diese Sprechgeräte oft in der Handtasche, Männer tragen ihre Handys aber meist körpernah auf sich, sei es in der Hosentasche oder im Veston. Unschön ist es übrigens, das Telefon in die Brusttasche des Hemdes zu stecken oder am Gurt zu tragen – aber darum geht es heute nicht.

Wichtiger ist die Frage, wie man seinem Telefon erlaubt, sich bemerkbar zu machen. Ob es klingelt – und wenn es klingelt, wie es das tut. Grundsätzlich muss man sich mit der Funktion der «Profile» seines Telefons vertraut machen, die eine wirklich patente Sache für alle alltäglichen Situationen

34

bieten. So kann man ein Profil namens «Büro» definieren, bei dem das Telefon nur vibriert und der Kurzmitteilungston ausgeschaltet ist. Für die «Sitzung» wird der Vibracall ausgeschaltet, weil es würdelos ist, wenn in Gesprächspausen etwas unter dem Tisch surrt.

Das Profil «Draussen», das seltsamerweise viele Menschen auch in Innenräumen benutzen, ist wirklich nur in der Londoner Rushhour entlang der Knightsbridge zulässig – dieses Gezeter und Gehupe darf niemandem zugemutet werden. Seltsamerweise finden es Mailänder Männer, die einst als die elegantesten der Welt galten, oft chic, ihre Mobiltelefone möglichst laut einzustellen. Wenn es schon klingeln muss, dann bitte in einem dezenten Standardton, der sich zuerst leise meldet und erst lauter wird, wenn man ihn nicht bemerkt. Auch der SMS-Ton (piep-piep, piep-piep) ist durch einen smarten und kurzen Einzelton zu ersetzen. Ganz verboten sind die vielen lustigen Jamba-Hits, polyphones Hitparaden-Gedudel oder sauglatte Sprüche wie «Hey Alter, geh mal ran», die man im Internet bekommt. Menschen mit solchen Klingeltönen verschwenden ihr Lifestyle-Budget sinnlos oder sind noch keine zwölf Jahre alt.

In Gesellschaft

Was mitbringen?

Ein bestens bekanntes Problem: Man ist zum Cocktail oder zum Essen eingeladen und sollte dem Gastgeber zur Begrüssung etwas Nettes in die Hand drücken. Den Kristall-Delphin von Swarovski? Vielleicht, wenn der Einladende den Humor dafür hat. Einen Vintage-Bildband von Niki Laudas grössten Motorsport-Erfolgen? Nur unter Trinkfreunden. Was also dann, wenn nicht etwas Spassiges?
Etwas Nützliches und Schmackhaftes natürlich. Wein ist immer gut, allerdings nur, wenn er rot ist. Er sollte 35 Franken oder mehr kosten. Und wenn der Gastgeber ein grosser Weinfan ist, dann bringt man vielleicht besser gleich die Dreier-Kiste von der Vinothek. Sie ist imposanter als eine einzelne Flasche, die doch meistens im Keller verschwindet. Deshalb ist Champagner eigentlich die

bessere Wahl als Wein. Natürlich nur der beste, das steht ausser Frage. Die Flasche immer ohne Schleife und Karton.

Süsses kommt auch gut an, selber gebackene Guetsli allerdings nur zu Weihnachten. Wer im Raum Zürich wohnt, der weiss, dass es kaum Menschen gibt, die sich nicht von Sprüngli-Luxemburgerli und Truffes von Teuscher verführen liessen. Sogar im Ausland sind sie stets ein so patentes Geschenk wie die Macarons von Ladurée aus Paris. Empfehlen möchten wir auch die neuen «Grand Cru»-Schokoklumpen vom Paradeplatz, eine Sünde der Luxusklasse. Wer von vornherein weiss, dass der Gastgeber kein Schleckmaul ist, der bringt getrocknete Gewürze vom Markt – das kann man immer brauchen, ist unüblich und gleichzeitig reizvoll.

Am besten, wenn auch am umständlichsten (wegen der Lagerung und des Transports) sind Blumen. Ein jeder Strauss ist schöner als keiner. Er sollte nicht vom Supermarkt, sondern vom Fachgeschäft sein und rund eine Woche halten. Mit einfarbigen Blumenkompositionen bewegt man sich auf der sicheren Seite. Auf viel Gesteck und Gestrüpp sollte man verzichten, feste Gebilde sind uncharmant und berauben den Gast der Möglichkeit, den Strauss nach seinem Gusto umzugestalten. Noch ein Tipp für den Empfänger: Den verwelkenden Strauss umzudrehen und zu trocknen, ist zu verzärtelt, man muss das gute Ding wegschmeissen, so weh es auch tun mag.

Zu Gast

Schuhe ausziehen

Darf man Gäste, die auf der Türschwelle zu einer privaten Einladung erscheinen, darum bitten, vor Betreten des Hauses die Schuhe auszuziehen? Eindeutig nicht! Wozu denn auch? Weil sie an ihren Sohlen Schmutz in die frisch gekehrte Wohnung einbringen könnten? Weil ihre geschwärzten Sohlenränder Streifen auf dem teuren Parkett hinterlassen könnten? Weil sich der Nachbar im unteren Stockwerk von den Schritten auf dem Flur in seiner Ruhe gestört fühlen könnte?

Das sind alles unzureichende Argumente, wenn man an die unvorstellbaren Schmerzen denkt, die der Anblick bestrumpfter Gäste-Füsse bei Ästheten auslöst. Es sieht jämmerlich aus, wenn Gäste, die sich zu einem Besuch bei Freunden hoffentlich ein wenig fein gemacht haben, auf blossen Strümp-

fen durch die Wohnung gehen. Man beraubt sie ihrer Würde und Souveränität und zwingt sie regelrecht in die Knie. Ausserdem gefährdet man ihre Gesundheit: Viele Zeitgenossen bekommen von einem Paar kalte Füsse garantiert eine Erkältung oder Schlimmeres.
Das bedeutet: Die Schuhe der Besucher bleiben immer an. Schliesslich hat der Gastgeber vor der Tür ja einen Türvorleger, auf dem die Gäste ihre Sohlen vor Betreten des Objektes abwischen können. Das mikroskopisch kleine bisschen Strassenschmutz, welches dann noch zurückbleibt, kann man später ja gewiss wieder aufsaugen. Ausserdem sehen Füsse in Schuhen – gerade bei Frauen! – um einiges eleganter aus und helfen damit beim Aufbau einer kultivierten Atmosphäre.

Voraussetzung dafür ist allerdings, dass auch die Gäste ihren Teil zum Gelingen beitragen und stets in sauberen, frisch geputzten Schuhen von ansehnlicher Qualität zu Einladungen erscheinen. Einen Strolch, der in abgewetzten Turnschuhen vorbeischaut, darf man nicht wieder einladen. Ihn aber darum zu bitten, die Schuhe auszuziehen, käme keinem kultivierten Menschen in den Sinn – wer weiss, vielleicht sind seine Socken ja in einem noch viel schlimmeren Zustand als seine Schuhe!

Zu Gast

Was legt man auf?

Was legt man für Schallplatten auf, wenn Besuch kommt, beziehungsweise welche CD oder noch moderner: Welches Register im iPod wählt man, wenn Gäste im Hause sind? Darf man dann Eminem und Pink spielen? Kann man zu Gwen Stefani und Snoop Dogg essen? Oder soll man besser auf Nummer Sicher gehen und einen sanften, modernen New Jazz im Stil von Harry Connick Jr. wählen, wozu jeder auch nur mittelmässig musikalische Mensch irgendwo ein bisschen mit dem Fuss wippen kann? Soll man gar Klassik wählen?

Nun, das kommt natürlich genauso auf den Gastgeber wie auch auf seine Gäste an. Wenn Oma und Opa zum Diner kommen, wird Junior wohl nicht so unhöflich sein, ihnen 50 Cent über seinen Subwoofer um die Ohren zu hauen. Umgekehrt ist es aber auch beklemmend, wenn Junior den Senior besucht und sich dieser extra eine CD-Compilation im Stil von «The Baddest of Gangsta Rappin?» gekauft hat, um dem Besuch zu gefallen. Was auch gar nie geht, sind allgemeine Einlull-Sammel-CD im Stil von Café del Mar oder die grossen Boxen mit Kuschelrock. Auch Balladen von Phil Collins kann man nur als ironisches Anti-Statement wählen.

Die Regel ist im Grunde einfach: Wer genügend musikalische Reife hat, der darf seinem Besucher diesen besonderen Geschmack auch zumuten. Will heissen: Bei Sammlungen von tausend CD an aufwärts darf davon ausgegangen werden, dass der Gastgeber die nötige Vielfalt und Stilsicherheit hat, das Richtige auszuwählen. Menschen mit einem solchen Repertoire dürfen dem Besuch auch gerne etwas Exotisches zumuten, wenn die Einladung nicht zwingend darauf abzielt, den Gast nach dem Mahl in andere Gemächer zu locken. Für Letzteres eignen sich dramatische italienische Opern aber gut.

Menschen, die weniger als tausend CD besitzen, sollten die musikalische Begleitung der Abendveranstaltung besser mit einer gewissen Zurückhaltung aussuchen. Ein kleiner Tipp für gut Vernetzte ist es auch, über den Computer Internet-Radio zu spielen. Es gibt im weltweiten Datennetz solch phantastische Radiosender, die ganz ohne Lokalradio-Nervtöter-Gequassel auskommen und Musik spielen, die man zwar noch nie gehört hat, die aber mindestens so gut mundet wie eine vorzügliche Crème brûlée.

Nach der Miete fragen

Der Schweizer, so lernen wir früh, spricht nicht übers Geld – er hat es. Diese in weiten Kreisen akzeptierte Haltung hält sich trotz dem um sich greifenden Sozialneid – auch wenn sich Manager in bunten Blättern praktisch täglich für ihre Honorare anpinkeln lassen müssen.

Wohl ist aber feststellbar, dass die Menschen bezüglich ihrer pekuniären Verhältnisse nicht mehr ganz so entschieden mauern wie früher. Anders gesagt: Unter Freunden ist es inzwischen wohl recht normal, über Gehalt oder Vermögen zu sprechen und dabei nicht vor Scham über diese Ungeheuerlichkeit im Boden zu versinken. Leider nehmen aber viele Menschen die liberalisierten Zustände zum Anlass, auch bei weniger eng Vertrauten ungehemmt Fragen zu stellen, die man sich vor einigen Jahren noch unter Androhung von Hausverweis verbeten hätte. So ist es in manchen Kreisen inzwischen sehr normal, beim ersten nachbarschaftlichen Begrüssungs-Apéro gleich die saloppe Miet-Frage zu stellen: «Was kostet denn diese Loge hier?»

Muss man auf solche Anwürfe antworten? Ganz klar – nein. Denn die Frage nach der Miete wird meist ohnehin nur gestellt, um sich dann anhören zu müssen, dass man diesen Betrag aber schon irgendwie teuer findet. Es wird einem dann immer gleich ein Strauss von Geschichten angeboten über Menschen, die sechs phantastische Zimmer in einem stilvollen Altbau mit Stuck und Parkett für nur fünfhundert Franken oder Ähnliches gefunden haben, dazu noch einen Parkplatz gratis. Immer zahlen die anderen weniger – was für den, der mit seiner Behausung zufrieden ist und der dank einer prima Wohnung auch weniger Geld für Ferienfluchten ausgibt, aber gar nicht relevant ist, sondern nur unnötiges Gequassel bedeutet.

Eine unerwünschte Miet-Frage pariert man also am besten auf zwei Arten: Man spricht wortreich über die Vorzüge des Quartiers und die Qualitäten des Bauwerks, in dem man haust, lässt aber die exakte Antwort lässig weg. Oder man stellt, wenn man den Fragenden für seine Dreistigkeit leicht abstrafen will, eine Gegenfrage, zum Beispiel nach den Kosten fürs Auto. Denn schlimmerweise gibt ein substanzieller Teil der Menschen mehr Geld für Mobilität denn fürs Zuhause aus. Und solche Menschen haben eine Einladung in ein schönes Heim ja eigentlich gar nicht verdient.

Zu Gast

Wann ist das Fest zu Ende?

Eine Tischgesellschaft sitzt zusammen, und es will einfach nicht enden. Die dritte Runde Kaffee ist längst serviert, der Grappa geht zur Neige, vom Kuchen liegen nur noch Brösel herum, und dennoch macht keiner der Gäste irgendwelche Anzeichen, sich zu erheben oder gar nach Hause zu gehen. Zäh ziehen sich die Viertelstunden. Alle bleiben brav sitzen, bis es nach zwölf ist und man sich nicht mehr fürchten muss, ausgelacht zu werden, wenn man die Absicht bekundet, sich schlafen zu legen.

Schuld an der miserablen Situation ist ein aus Jugendtagen übrig gebliebener, kompetitiver Trieb unter den vornehmlich männlichen Gästen, möglichst lange auszuharren und so den anderen zu zeigen, was für ein zäher Hund man ist – etwa so wie jene Männer, die sich an Wettbewerben im

39

Auf-einem-Baumstamm-Sitzen gegenseitig zu zermürben versuchen. Irgendein Relikt aus Zeiten der Schulfeten sagt ihnen, dass es keine gute Party war, wenn sie nicht sehr, sehr lange gedauert hat. Dabei haben Dauer und Qualität einer Begegnung ja gar nichts miteinander zu tun. Man kann unter Umständen sehr kurz zusammenkommen und dennoch unvergessliche Gesellschaft erleben. Unvergessen ist diesbezüglich die von zuverlässigen Quellen kolportierte Anekdote über einen heroischen und angesehenen italienischen Mode-Verleger, der jeweils zu den Modeschauen in Mailand eine Runde von internationalen Gästen zu sich einlädt, sie bekocht und dann, nach dem Dessert, des öfteren mit einer einfachen Ankündigung überrascht: «I go to bed now.» Der Gastgeber steht sodann auf und geht schlafen – der Rest der Runde feiert weiter, bis der Letzte die Tür der Wohnung hinter sich zuzieht.

Was wir damit sagen wollen: Solange es etwas zu geniessen, zu lachen oder zu erzählen gibt, wird niemand eine abendliche Tischrunde vorzeitig abbrechen wollen, selbst wenn sie bis in den Morgen hinein dauert. Wenn aber alles aufgezehrt und diskutiert ist, soll man die Sache nicht unnatürlich verlängern, indem man zu einem Diavortrag ausholt oder Brettspiele aus der Kommode kramt – ganz egal, ob es erst zehn Uhr ist.

Der Aufruf zu mehr Selbstbestimmung gilt für Gäste wie Gastgeber gleichermassen. Den pro forma vorgebrachten Satz «Bleibt doch noch ein bisschen!» wollen wir daher auch nie wieder hören.

Zu Gast

Kochkünste

Als wir in einer netten abendlichen Runde bei Grünem Veltliner beisammen standen, offenbarte ein Bonvivant neuer Schule, der nicht von schlechten Eltern ist und über reichlich Ressourcen verfügt, ein Faible für hervorragende, kostbar geschmiedete Messer zu haben. Er habe, meinte der Geniesser, einen ganzen Block von japanischen Spezialmessern, alles Einzelstücke, manches davon aus Damaszenerstahl.

Wir waren natürlich angetan und fragten, was er damit denn so Leckeres zubereite. Es folgte betretenes Schweigen, bis qualvoll das Geständnis kam, dass mit den Messern nichts gemacht wird, sondern sie mehr oder weniger dekorativen Zwecken dienen. Der Block, so erfuhren wir später, steht auf einer beeindruckenden Mass-Designerküche

mit zwölf Zentimeter breiter Edelstahlabdeckung. Aber schneiden tun die Messer nie, weil der Herr nicht kocht.
Wir wollen dem geschätzten Freund nicht zu nahe treten, aber dennoch mit aller Deutlichkeit sagen: Wer nicht kocht, der liebt und lebt nicht. Kochen ist ein sinnliches Vergnügen, eine Art Meditation im Stehen, eine Verneigung vor der Natur und den Elementen. Wasser, Feuer, Düfte und Lebensmittel kommen zusammen und zischen, dass es eine Lust ist. Kochen ist zugleich Psychotherapie und Aphrodisiakum.
Muss man also als vollendeter Geniesser und Stilmensch kochen können? Die Antwort ist eindeutig Ja. Jeder sollte kochen, ob er es sehr gut oder nur mittelmässig kann. Denn kochen kann man, wie so vieles im Leben, bis zu einem gewissen Grad lernen. Und man wird erst richtig gut, wenn man täglich übt. Ausserordentliches gelingt hingegen nur mit überragendem Talent, das eine seltene Gabe ist.
Also: Wer einen Computer bedienen kann, der sollte auch eine Kürbiscrème oder eine Lasagne hinbekommen. Auch Männer! Herren, die behaupten, kochen sei unmännlich, sollten dagegen zwingend lange Bärte tragen, um glaubwürdig zu bleiben. Alles andere ist Quatsch. Und Frauen, die am Herd zu stehen hassen, mögen bitte ihre Kerle an denselbigen beordern. Zusammen in den Töpfen rührend, findet man vielleicht wieder zu neuen Lüsten und Perspektiven.

Am Tisch

Mit Gläsern anstossen

Uns wurde eine Frage von so schöner Schlichtheit zugetragen, dass wir erst an einen Hinterhalt glaubten. Soll man noch mit Gläsern anstossen? Wir dachten kurz nach und entsannen uns fröhlicher Abende mit Freunden, während deren wiederholt angestossen wurde und sich alle jedes Mal auf die Runde Gläserklirren freuten. Wir dachten aber auch an grössere Tischrunden, bei denen sich die Leute plötzlich kreuz und quer um den Tisch zu erheben begannen, um aufs Komplizierteste zu «prösteln». Und dann dachten wir an die coolen Franzosen, die einen Wein sofort mit grossen Schlucken zu trinken beginnen, wie er serviert wird – ganz ohne irgendein Zeremoniell.

Wir würden daher sagen: Mit den Gläsern anstossen ist ein bisschen wie sich duzen – es wird wahrscheinlich eher zu oft und aus dem Gefühl heraus getan, das müsse jetzt halt so sein. Es wirkt zu oft steif und erzwungen.

Daher plädieren wir für folgende Grundregeln: Freunde, die einen herzlichen Umgang pflegen, verliebte Pärchen oder zwei alte Bekannte, die sich wieder sehen und ein echtes Ereignis zu begiessen haben, sollen ruhig klirrend die Gläser erheben. Auch Tischrunden von bis zu sechs Personen sollen das Ritual anwenden, wenn sie mögen – vorzugsweise abends, denn über Mittag Wein zu trinken, kommt ja doch langsam aus der Mode, wenngleich gegen die den Geist erweiternden Nebeneffekte per se nichts einzuwenden ist.

In grösseren Tischrunden tut man aber eindeutig allen einen Gefallen, wenn man aufs Gläserklirren verzichtet und nur kurz mit einem netten Wort die Gläser erhebt und in die Runde schaut, bevor getrunken wird.

Ein Wort zu den Substanzen, mit denen angestossen werden kann: Im Prinzip eignet sich nur Wein. Gäste, die diesen – aus welchen Gründen auch immer – verschmähen und Wasser oder Limonaden bevorzugen, halten sich beim Zuprosten also zurück.

Bier, das ohne Becher aus der Flasche getrunken wird, kann kurz mit dem Flaschenboden zusammengetickt werden – nie aber klirre ein Bier gegen ein Glas Wein. Auch mit harten Alkoholika wird nicht angestossen, sondern nur unter Formulierung eines Trinkspruchs das Glas erhoben.

Am Tisch

Speisen nachwürzen

Man darf sich an mancher gepflegten Tafel, wie sie jetzt wieder allenthalben gedeckt wird, darüber wundern, wie unüberlegt das Essen oft nachgewürzt wird. Kaum wird der Schmaus serviert, greifen manche sofort zu Salz- oder Pfeffermühle und besprenkeln das Essen mit Geschmack-Turbos, ohne dass sie davon gekostet hätten. Das ist natürlich sehr roh, ja richtiggehend frech. Als Gastgeber müsste man bei solchen Gästen sofort mit Sanktionen reagieren.

Richtig ist selbstverständlich, das Essen erst einmal zu kosten, bevor man es nach eigenem Geschmack verändert. Dazu sollte beachtet werden, dass manche Speise, wenn sie heiss auf den Tisch kommt, ihre Salzigkeit oder Schärfe erst nach einigen Minuten zu erkennen gibt. Es ist daher nötig,

42

erst zwei Bissen zu nehmen, zwischen denen man etwas Zeit verstreichen lässt, bevor man zum Food-Tuning schreitet.

Dann aber ist es selbstredend völlig okay, eine Mahlzeit nachzuwürzen. Man soll keine Scham an den Tag legen, wenn es darum geht, Pfeffer und Tafelsalz benützen zu dürfen. Menschen, die fürchten, den Gastgeber so als schlechten Koch zu brandmarken, leiden an unnötig viel Ehrfurcht vor der Umwelt. Seltsam wird es erst, wenn man im grossen Stil zu Flüssigwürze greift.

Auch wenn die gute alte «Menage» so gut wie ausgestorben ist, darf man als Gast noch immer adäquates Würz-Werkzeug erwarten. Dazu gehört eine Pfeffermühle aus Holz oder Stahl, aber keine aus Plexiglas oder gar mit elektrischem Motor.

Empfehlen möchten wir die Mahlwerke von Zassenhaus und Peugeot, ohne dass diese Aufzählung Anspruch auf Vollständigkeit erheben möchte. Das Salz sollte aus dem Streuer kommen oder natürlich aus dem derzeit modischen Töpfchen mit Fleur de Sel. Originalverpackungen sollten vorher entfernt werden.

Gewürzöle sind je nach Speise möglich, wenngleich sie gerade in Pizzerien oft missbräuchlich zum Einsatz kommen. Männer mit überhöhtem Testosteron-Spiegel meinen oft, ihre Abgebrühtheit mit ganzen Löffeln von dem Zeugs beweisen zu müssen.

Am Tisch

Selbstgemachtes Mineralwasser

Werbung kann verführerisch sein. So sind in den letzten Jahren Abertausende von Bürgern dieses Landes der Verheissung gefolgt, dass selbstgemachtes Mineralwasser günstiger und praktischer sei, als jede Woche Harasse voll Glas- oder PET-Flaschen nach Hause und wieder zurück zur Sammelstelle zu schleppen.

Sie haben sich also eine dieser Soda-Sprudel-Maschinen mitsamt dazu passenden Plasticflaschen gekauft und machen sich seither Ihr Mineralwasser selber. Dies zu tun oder zu lassen, ist natürlich jedermanns Privatsache. Und bestimmt sind die hundertfach wieder gebrauchten Flaschen bei korrekter Handhabung auch nicht wirklich viel unhygienischer als die, in denen maschinell abgefüllter Sprudel steckt. Auch ist es im Prinzip klug, unser erstklassiges und gesundes Hahnenwasser anstelle von Quellwasser aus irgendwelchen entlegenen Bergdörfern oder weit entfernten schottischen Hochmooren zu trinken. Und wahrscheinlich kommt es wirklich etwas billiger, Kohlensäure-Kartuschen statt Flaschen zu kaufen. Diesen selbstgebrauten Sprudel den Gästen aufzutischen, ist aber schon eher eine Stilfrage. Denn es geht absolut nicht, die Plasticflaschen aus dem Soda-Automaten bei einer schönen Tafelrunde auf den Tisch zu stellen und daraus das Wasser zu reichen. Es ist, wie wenn man nur eine halbe Schnitte Brot pro Gast auftische oder Cola in Aludosen reichte. Und sie schauen grässlich aus, diese meist mit irgendwelchen mediokren Illustrationen oder Logos bedruckten und leicht trüben Behältnisse!

Für eine Tischrunde mit Menschen, die einem etwas bedeuten, gibt es also nur zwei korrekte Arten, das Wasser auszuschenken: Man stellt bestes Schweizer Mineralwasser mit Kohlensäure sowie ein solches ohne Sprudel zur Verfügung. Denn immer mehr Leute entdecken, dass Wasser auch ohne die «Blöterli» gut schmeckt. Beides pflegt man nicht im Originalbehältnis anzubieten, sondern in einer schönen, neutralen Glaskaraffe. Dies gilt auch für selbstgemachten Sprudel, wenn man sich die Benutzung dieser zischenden Geräte wirklich nicht verkneifen kann.

Am Tisch

Die Möblierung des Gartens

Den Sommer verbringt die ganze Schweiz bevorzugt im Freien und räkelt sich in kurzärmligem Hemd, Shorts und Adiletten auf weissen Plasticmöbeln. Die Kleider braucht er, weil sich der weisse Leib sonst unzureichend vom Möbel abheben würde. Doch halt: Den weit verbreiteten Monobloc-Stuhl und seine Artverwandten haben wir schon eingehend gegeisselt – wir wollen also voraussetzen, dass diese reizlosen Undinger inzwischen auf dem Scheiterhaufen gelandet sind.

Doch womit werden sie ersetzt? Man kann sehr gut die ästhetisch vollendeten Entwürfe der Firma Dedon auf die Terrasse oder in den Garten stellen. Wir haben einmal geschrieben, dass diese «unfassbar teuer» seien – das war natürlich starker Tobak, aber Fakt bleibt, dass diese Produkte eine gewisse Investition darstellen. Dafür hat man dann ein perfektes, gut gestaltetes und weitgehend unempfindliches Möbel, das einige Jahre halten dürfte. Es gibt bei Grossverteilern auch Kopien dieser Möbel – aber eben, mit ihnen ist es etwa so wie mit der falschen Vuitton-Tasche: Sie kostet zwar nur einen Zehntel, aber sie macht auch nur halb so viel Spass. Hübsch ist es aber, wenn man sich die Zeit nimmt, schöne Stücke auf dem Flohmarkt oder im Brockenhaus zusammenzusuchen. In einen guten Garten (oder auf eine Terrasse) gehören bequeme Sessel, die wahlweise mit oder ohne Kissen genutzt werden können. Ein niedriger Tisch rundet das Bild ab. Auch muss ein guter hölzerner Tisch her, um den man bequem zu sechst sitzen kann. Einige einfache Liegestühle oder Deck-Chairs bieten sich für die Siesta nach der Mahlzeit an. Echte Terrakotta-Gefässe, verzinkte Übertöpfe sowie ungekünstelte Eternit-Tröge mit Oleander, Oliven und anderen Pflanzen verbreiten mediterranen Esprit. Was man aber nicht braucht, sind folgende Dinge im Garten: eine kitschige Hollywood-Schaukel, eine Freiluft-Bar, Luftmatratzen oder bizarr geformte Schattenspender statt bewährter Schirme. Schliesslich ist man in der Natur, und da ist Natürlichkeit immer noch das schönste Stilmittel.

Zu Hause

Raumdüfte und Duftkerzen

Es ist schon so: In manch einem Raum müffelt es, gerade im Winter, wo man der Kälte wegen seltener lüftet. Schuld ist oft ein alter Teppich, eine versteckte Altlast unsauberer Haustiere, ein nicht ganz stubenreiner Mitbewohner oder einfach nur harte Arbeit und die damit verbundenen Ausdünstungen.

Dagegen etwas zu unternehmen, ist eigentlich richtig: Mief gehört bekämpft, und zwar entschieden. Konsequent wäre es also, den Ursachen auf den Grund zu gehen und die Quelle des seltsamen Geruchs auszumerzen. Da dies aber mit grösseren baulichen Eingriffen oder gar personellen Umsiedlungen verbunden ist, muss man sich manchmal halt damit begnügen, die schlechte Luft zu bekämpfen, statt sie zu besiegen.

Raumdüfte lösen das Problem ein Stück weit: Sie verbreiten einen mehr oder weniger starken synthetischen Geruch, der den unangenehmen Muff übertönt. Nur selten aber sehen diese Produkte auch passabel aus: Meist sind sie in derart hässlichen Plastic-Gehäusen verpackt, dass man sich sofort fragt, ob es nicht besser wäre, die schlechte Luft zu akzeptieren, statt eine massive ästhetische Einbusse hinzunehmen.

Neuerdings gibt es aber nicht nur glänzende Plastic-Pyramiden und popelige Tonschälchen mit getrockneten Blüten, die Räume beduften, sondern auch elektrische Lösungen: Sie wissen schon, das sind die Dinger, die wie Mini-Mäusekäfige aussehen, in der Steckdose an der Wand montiert werden und einige Wochen lang ihre Essenzen verbreiten.

Auch das mag technisch funktionieren – optisch ist es keine Lösung.

Bleiben also die grossen Parfumflaschen mit den dünnen Zedernholz-Stäben, welche die Firma Culti erfolgreich vertreibt und die einigermassen gangbar aussehen. Sie tun gute Dienste auf Toiletten, in Warte- oder Sitzungszimmern. Im privaten Wohnraum sind aber auch sie ein wenig deplaciert.

Was aber, wenn es im Wohnraum riecht? Ganz einfach: Man greift zu einer noblen Duftkerze von Mizensir, Diptyque, Acqua di Parma oder Comme des Garçons. Sowie zum Raumparfum von L'Artisan Parfumeur, das man dezent versprüht. Die Flasche kommt danach wieder in den Schrank, wo sie keiner sieht. Sonst könnte der Besuch auf die Idee kommen, dem Wohlgeruch zu misstrauen.

Zu Hause

Hausschuhe und Pantoffeln

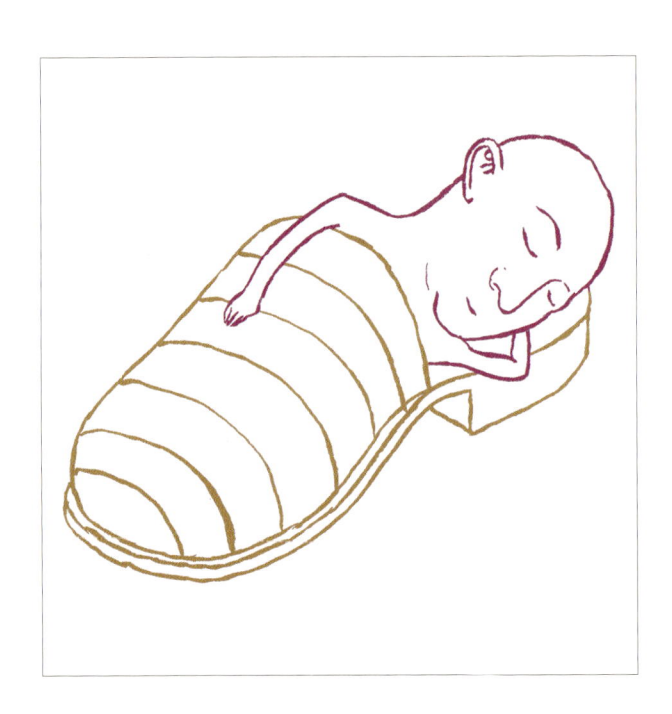

Eine der schwierigsten Aufgaben, die sich uns in den letzten Monaten stellte, war das Beschaffen von ein paar Hausschuhen; Schlappen, Pantoffeln, Babouches oder Puschen, wie man sie gerade nennen will. Kein alberner Mist mit Hörnern und Zähnen, wie er in Souvenirshops und in Flughafen-Boutiquen verkauft wird, sondern alltagstaugliche Finken. Keine dieser karierten Opa-Hausschuhe mit angeschweisster Gummisohle, sondern etwas Flaches und Zeitgemässes. Birkenstock wäre ja ganz okay, aber vielleicht doch eher für den Garten im Sommer.

Also schritten wir in ein auf Hausschuhe spezialisiertes Fachgeschäft – so etwas gibt es im mondänen Zürich. Dort wurden wir fast fündig, aber leider nur fast. Denn das meiste, was eine annehmbare Form hatte, war aus Filz gefertigt. Und dieses Material ist nun doch zu sehr im winterlich-rustikalen Umfeld anzusiedeln. Ein Filzpantoffel ist toll im Chalet vor dem offenen Feuer, doch im urbanen Alltag kriegt man darin nur unnötig heisse Füsse. Wir rannten also weiter, probierten im Seide-Wolle-Bast-Shop zum Scherz auch skandinavische Hüttenfinken, stolperten zum Marokkaner und zwängten uns in tütenförmige Babouches und landeten im Edelmodehaus, wo es wunderbar weiche, formlose Cashmere-Pantoffeln von Loro Piana gab. Das Material ein Traum, doch der Preis um fünfhundert Franken, das war dann doch nicht annehmbar.

In letzter Verzweiflung stürmten wir also die Filiale einer sehr elaborierten Luxusmarke, schossen an weichen, geflochtenen Ledertaschen und XL-Sonnenbrillen vorbei und standen vor dem Objekt der Begierde: das Obermaterial feiner Tweed, eine schwarze Nappa-Innensohle mit weicher Polsterung und eine Laufsohle aus mattem Velours, perfekt. Und erst noch halb so teuer wie die Luxusfinken von gegenüber. Gehen Sie dort also unbedingt auch einmal schauen.

Nun noch die Stilfrage: Braucht man überhaupt Finken? Unbedingt, denn es ist feiner, auf Pantoffeln statt auf Socken oder blossen Füssen seine Privaträume zu durchmessen. Man schont sowohl die Socken wie auch das Auge des Ästheten – so man denn ein solcher zu sein behauptet. Und wer darauf besteht, dass der Besuch die Schuhe auszieht, der sollte jedem ein Paar feinster Hausschuhe anbieten können. Zum Behalten, natürlich.

Zu Hause

Die Bettwäsche

Das Schlafgemach gehört zur intimsten Zone, in die nur wenig fremde Leute je vorstossen. Insofern ist das, was dort geschieht, Privatsache. Im privatesten Kreis löst sich das Regelwerk des Stils sowieso zur unverbindlichen Theorie auf. Es geht uns also in aller Regel nichts an, wie und mit wem das Volk schläft.

Stilrelevant wird das Schlafen aber, wenn man die Bettstatt als Teil der Einrichtung inszeniert oder sie, beispielsweise in den populären Lofts, gar nicht vor Besuchern zu verstecken versucht. Oder wenn man seine Bettwäsche in einem Anflug von Wohn-Exhibitionismus zum Fenster hinaus oder über die Balkonbrüstung hängt. Dann wird es wichtig, zu prüfen, wie das aussieht, worin man sich nächtens kuschelt.

Den Ausführungen von grossen Schweizer Einrichtungshäusern entnehmen wir, dass die Mehrheit der Bevölkerung dieses Landes bunte und gemusterte Bettwäsche bevorzugt. Irgendwie war das zu befürchten – schliesslich läuft auch eine Mehrheit auf Mephisto-Gummisohlen und in Kurzarmhemden herum.

Wir wollen trotzdem versuchen, etwas Ordnung in des Schweizers Wäscheschrank zu bringen. Klar ist, dass fotografische Motive wie sich aufbäumende Pferde, Rennwagen, Kätzchen oder Strände mit Sonnenuntergang absolut unzulässig sind. Geometrische Muster sind wohl eher etwas für Herren, die in ihrer Freizeit mathematische Rätsel lösen. Blumen und Ranken weisen auf romantische Naturen hin und werden wohl von älteren Damen gekauft.

Tadelloses Stilbewusstsein zeigt man aber erst mit bester weisser Bettwäsche, die höchstens ein diskretes Webmuster oder eine partielle Plissierung hat. Das Fixleintuch aus Stretch ist nur ganz knapp okay, besser ist ein schönes Leintuch, das die Matratze bedeckt. Ein Wort noch zum Material: Ins Bett gehört nur Baumwolle, Seide oder frisches Leinen. Satin mag für Erotik-Dramatiker von Bedeutung sein. Viskose oder andere, gar synthetische Fasern sind aber extrem unerlaubt.

Zu Hause

Essen im öffentlichen Verkehr

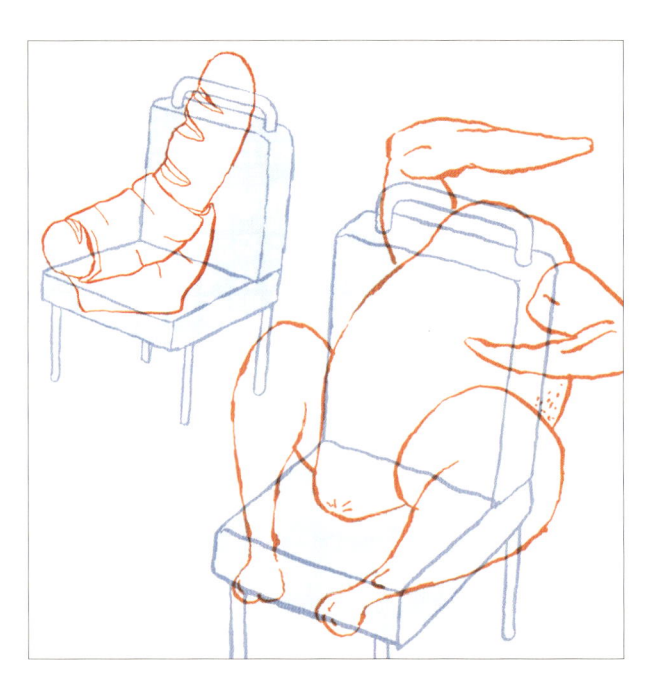

Eine unserer Redaktionskolleginnen wurde unlängst im Zürcher Tram angeherrscht, als sie eine Bratwurst verzehren wollte. Das gehe nicht, essen im Tram, meinte ein älterer, sichtlich gereizter Herr. Hatte er Recht?

Er hatte Recht, aber nicht vollumfänglich. Mit der Lunchpause im öffentlichen Verkehr verhält es sich folgendermassen: Auf das Mitbringen und Verputzen heisser und deshalb stärker riechender Speisen wie Wurst, Kebab, Pizza, Hamburger, Falafel oder Crêpes sollte verzichtet werden. Ihr Duft kann andere Leute ungebührlich belästigen. Auch Nahrungsmittel, deren Verzehr Werkzeug erfordert (Gabel, Messer, Löffel), haben im Tram, Bus und Zug nichts zu suchen. Es sieht einfach zu unwürdig aus, auf den Knien in einer Plasticschale mit Salat herumzustochern. An eine Vollbremsung des Verkehrsmittels wollen wir gar nicht erst denken.

Gegen ein kaltes Sandwich, das bequem aus der Faust gegessen werden kann, ist weniger einzuwenden, wenngleich eine Person mit einigermassen ausgeprägtem Stilempfinden auch solches grundsätzlich nicht im öffentlichen Verkehr zu sich nehmen würde. Man isst quasi vor den Augen der Öffentlichkeit, und das erfordert immer ein gerüttelt Mass an Selbstbeherrschung. Ein Sandwich riecht aber nicht übermässig und wird, so es nicht zu sehr mit Saucen voll gestrichen wurde, auch nicht tropfen und die Polsterung des Trams nicht in Mitleidenschaft ziehen.

Nichts einzuwenden ist schliesslich gegen eine Frucht: Sie ist gesund und im Normalfall innerhalb weniger Minuten pannenfrei verzehrbar (von Grapefruits mal abgesehen). Wichtig ist nur, dass man allfällige Reste wie Kerngehäuse oder Schalen nicht im Tram und Zug liegen lässt, sondern sie an der freien Luft entsorgt, weil sie rasch zu riechen beginnen. Der Herr, der vor Jahren in Paris meine Liebste angriff und «Une femme ne mange pas une banane au public» zischte, hatte aber wohl weniger ein Problem mit dem Essen als mit seiner Phantasie. Und die war bei der eingangs erwähnten Bratwurst wohl auch im Spiel.

Unterwegs

Dekoration im Auto

Manchmal, wenn wir an einem Autofriedhof vorbeischlendern und die rostenden Wracks vergangener mobiler Individualität bestaunen, ergreift uns ein böser Gedanke: Ist manch einer dieser Unglücksraben vielleicht nicht wegen ein paar Komma-Promille zu viel verunglückt, sondern weil er vor lauter Ramsch am Rückspiegel das drohende Unheil nicht mehr rechtzeitig sah? Ist ja aber auch wirklich wahr: Manche Autos sind innen derart dekoriert, dass man kaum noch aus dem Fenster sieht! Populär ist allerlei baumelnder Krimskrams, von wackelnden Plasticpüppchen, die einen tanzenden Elvis imitieren, über Rosenkränze bis zum grössten Schwachsinn überhaupt: dem Traumfänger aus dem Indianerladen. Das hässliche, spinnennetzartige Gebilde soll der Sage nach helfen, Träume im Schlaf dingfest zu

machen. Aber wer schläft denn hinter dem Steuer? Nichts wie weg mit diesem Unrat!
Wer seinen Wagen dekoriert, der soll dies bitte mit etwas Geschmack und Geist tun. Wir erinnern uns zum Beispiel an den süddeutschen Assistenzarzt, bei dem stets «Herr Nöser» auf dem Rücksitz seines vergammelten Nissans sass – der lebensgrosse, kostümierte Rumpf einer Schaufensterpuppe. Klasse! Auch der in Zürich herumfahrende, sehr exzentrische Taxifahrer mit seinem Lichterbaldachin ist originell. Gegen diese Einfälle sind ins Fenster geklemmte Plüsch-Garfields, Alf-Puppen und nickende Hündchen nur müder Mist. Praktisch inexistent sind heute der gehäkelte Klopapierrollen-Überzug und das gestickte Nummernkissen. Eigentlich schade, denn das war wenigstens ein eindeutig interpretierbares Statement. So wie das immer ein wenig nach einer Grabbeilage aussehende gerahmte Foto der Familie.
Aber welchem Menschen mit gesundem Menschenverstand gefallen eigentlich die mit Saugnäpfen an die Scheiben klebbaren Sonnenschutz-Gitter mit Comic-Motiven? Und was soll man von Menschen denken, die stets eine Box Kleenex auf der Hutablage stehen haben? Wollen die suggerieren, sie würden es ständig auf dem Rücksitz ihrer Karosse treiben? Pfui. Dass Sie uns jetzt aber ja nicht mit Putzteufeln oder Sauberkeitsfanatikern verwechseln – gegen ein bisschen Müll hinter dem Sitz eines Autos ist nichts einzuwenden. Aber gerade vorne, wo der Blick ganz dem Verkehr gelten sollte, sind wir für aufgeräumte Verhältnisse.

Unterwegs

In der Stadt besser vorankommen

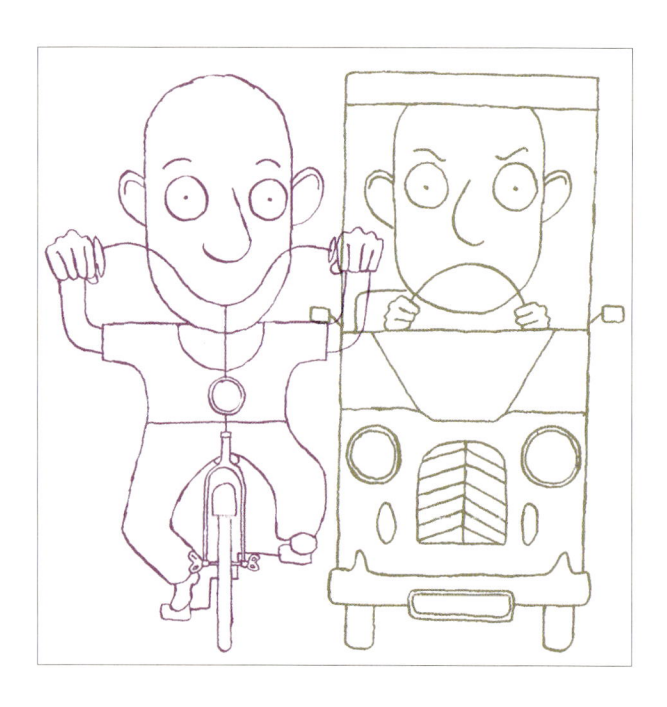

Der Mensch arbeitet meist nicht dort, wo er wohnt. Das bedeutet, dass die Überzahl der Menschen täglich mit Transfers beschäftigt ist. Nicht selten mit dem Auto, meist verbunden mit Stop-and-go und Staus.

Um diesem alltäglichen Wahnsinn zu entgehen, haben viele Menschen in grösseren Städten in den letzten Jahren den Motorroller entdeckt. Die Mailänder haben fast alle ein Motorino, denn mit dem Alfa bleibt man erbarmungslos stecken.

Doch auch mit dem Töff kommt man längst nicht mehr überall durch. Auf die Idee, aufs Velo umzusteigen, kommt aber keiner. Dies vor allem darum, weil die tägliche Fahrt mit dem Fahrrad in den letzten Jahren unnötig stigmatisiert und in die Ecke von Müsli-Fundamentalisten gedrängt wurde. Ein

schlimmer Trugschluss. Denn ausbrechen und den anderen um die Ohren fahren, das kann man heute eigentlich nur noch mit einem einzigen Verkehrsmittel – dem Velo.
Das Fahrrad ist wendig genug, auch die kleinsten Freiräume im Berufsverkehr auszunützen. Einbahnstrassen sind nur theoretisch ein Hindernis. So ist man im innerstädtischen Verkehr zehnmal schneller am Ziel als mit vier oder mehr Rädern. Gut, es hat auch Nachteile. Wenn es regnet, wird man feucht. Man muss auf hohe Absätze verzichten. Smarte Mädchen lehren einen allerdings, dass es auch mit Highheels geht, in die Pedale zu treten. Und trocknen tut man nach einem Reguss ja auch wieder. Ausserdem gibt es ja Schutzbekleidung.

Deshalb gilt: Das Velo verdient ein wuchtiges Revival. Paris macht es vor und baut kilometerweise Velowege und autofreie Busspuren, die auch für Fahrräder benutzbar sind. Amsterdam ist dank den Fahrrädern so lebenswert! Zürich verleiht den ganzen Sommer durch exquisite Gratisvelos. Diesen Luxus darf man ruhig zum Dauerzustand machen. Unentschlossen sind wir nur bezüglich der Velohelme. Sie sind so scheusslich, dass man sie gerne weglassen würde – was aber nicht wirklich gescheit ist. Darum: Lieber man ist hässlich, schlau und schnell als schön, aber dumm.

Jeroen van Rooijen
Redaktor «NZZ am Sonntag»
1970 in Frauenfeld als Sohn niederländischer Einwanderer geboren, besuchte die Grundschulen und das Wirtschaftsgymnasium im Thurgau. Nach dem Vorkurs der Schule für Gestaltung Zürich (heute HGKZ) und der Weiterbildungsklasse Mode schloss Jeroen van Rooijen 1991 seine Ausbildung als Modegestalter ab. Es folgten Jobs bei verschiedenen Lokalradios, zwischen 1993 und 1995 zeichnete Jeroen van Rooijen Kollektionen für den Warenhauskonzern Jelmoli. Nach zwei weiteren Jahren in den elektronischen Medien (Radio 24) wechselte er als Moderedaktor zur «Annabelle» und stiess später zum Redaktionsteam des Lifestyle-Magazins «Bolero». Seit Januar 2003 ist Jeroen van Rooijen als Moderedaktor der «Neuen Zürcher Zeitung» tätig und betreut den Bund «Stil» der «NZZ am Sonntag». Seit Februar 2007 erscheint unter seiner Co-Leitung das Magazin «Z» der «Neuen Zürcher Zeitung» und der «NZZ am Sonntag».

Andreas Gefe
Illustrator
1966 in Küssnacht geboren, schloss 1986 seine Matura in Immensee ab. Es folgte eine Ausbildung zum Visuellen Gestalter und Illustrator an der Hochschule für Gestaltung und Kunst in Luzern, wo er 1993 sein Diplom machte. Seither ist Andreas Gefe als selbständiger Illustrator und Comiczeichner in Zürich tätig. 1996 erhielt er den eidgenössischen Preis für angewandte Kunst und ein Atelierstipendium des Bundesamts für Kultur in Krakau. 2004 folgte ein Werkjahr im Rahmen des Preises der Stadt Zürich, 2006 ein Aufenthalt in Berlin, den sich Gefe mit dem Atelierstipendium des Kantons Schwyz holte. Gefe zeichnet heute regelmässig im Comicmagazin «Strapazin» sowie als freier Illustrator für die «NZZ am Sonntag», das «Magazin», die «Weltwoche», den «Playboy» oder das Wissenschaftsmagazin «Horizonte».

Bibliografische Information der Deutschen Nationalbibliothek
Die Deutsche Nationalbibliothek verzeichnet diese Publikation
in der Deutschen Nationalbibliografie; detaillierte bibliografische Daten
sind im Internet über http://dnb.d-nb.de abrufbar.

2. Auflage 2007
© 2007 NZZ am Sonntag und Verlag Neue Zürcher Zeitung, Zürich

Dieses Werk ist urheberrechtlich geschützt. Die dadurch begründeten
Rechte, insbesondere die der Übersetzung, des Nachdrucks, des Vortrags,
der Entnahme von Abbildungen und Tabellen, der Funksendung, der
Mikroverfilmung oder der Vervielfältigung auf andern Wegen und der
Speicherung in Datenverarbeitungsanlagen, bleiben, auch bei nur
auszugsweiser Verwertung, vorbehalten. Eine Vervielfältigung dieses Werkes
oder von Teilen dieses Werkes ist auch im Einzelfall nur in den Grenzen
der gesetzlichen Bestimmungen des Urheberrechtsgesetzes in der jeweils
geltenden Fassung zulässig. Sie ist grundsätzlich vergütungspflichtig.
Zuwiderhandlungen unterliegen den Strafbestimmungen des Urheberrechts.

Grafik, Satz: Frank Hyde-Antwi, www.twiddlethumbs.net

ISBN 978-3-03823-402-9

www.nzz-libro.ch
NZZ Libro ist ein Imprint der Neuen Zürcher Zeitung